Elza Helena de Abreu
Ney de Souza
(orgs.)

Concílio Vaticano II

MEMÓRIA E ESPERANÇA PARA OS TEMPOS ATUAIS

Dados Internacionais de Catalogação na Publicação (CIP)
(Câmara Brasileira do Livro, SP, Brasil)

Concílio Vaticano II : memória e esperança para os tempos atuais / Elza Helena de Abreu, Ney de Souza, (orgs.). – São Paulo : Paulinas : UNISAL - Centro Universitário Salesiano de São Paulo, 2014. – (Coleção teologia, interdisciplinaridade e sociedade)

Vários autores.
Bibliografia.
ISBN 978-85-356-3741-0

1. Concílio Vaticano (2. : 1962-1965) - História 2. Cristianismo 3. Documentos oficiais 4. Igreja Católica - História 5. Teologia I. Abreu, Elza Helena de. II. Souza, Ney de.

14-02499   CDD-262.52

Índice para catálogo sistemático:

1. Concílio Vaticano 2° : História   262.52

PAULINAS

DIREÇÃO-GERAL:
Bernadete Boff

CONSELHO EDITORIAL:
Dr. Afonso M. L. Soares
Dr. Antonio Francisco Lelo
Maria Goretti de Oliveira
Dr. Matthias Grenzer
Dra. Vera Ivanise Bombonatto

EDITORA RESPONSÁVEL:
Vera Ivanise Bombonatto
COPIDESQUE:
Ana Cecilia Mari
COORDENAÇÃO DE REVISÃO:
Marina Mendonça
REVISÃO:
Ruth Mitzuie Kluska
GERENTE DE PRODUÇÃO:
Felício Calegaro Neto
PROJETO GRÁFICO:
Manuel Rebelato Miramontes

UNISAL

COORDENADORA DA COLEÇÃO:
Elza Helena de Abreu

CONSELHO EDITORIAL:

Agenor Brighenti (PUC/PR: coordenador do Programa de Pós-Graduação; Diretor do Instituto Nacional de Pastoral da CNBB)

Damásio Raimundo Santos de Medeiros (Università Pontificia Salesiana, Roma)

Elza Helena de Abreu (UNISAL, São Paulo, *Campus* Pio XI: coordenadora da Pós/Especialização em Liturgia)

Dom Javier Salinas (Facultat de Teologia de Catalunya, Espanha)

Margaret Eletta Guider (Boston College - School of Theology and Ministry, USA)

Maria Angela Vilhena de Almeida (Livre-Docente em Teologia pela PUC/São Paulo)

Mauricio Tadeu Miranda (UNISAL, São Paulo, *Campus* Pio XI: coordenador do curso de Teologia)

Ney de Souza (PUC/São Paulo; UNISAL, São Paulo, *Campus* Pio XI)

Ronaldo Zacharias (UNISAL, São Paulo, Reitor)

Nenhuma parte desta obra poderá ser reproduzida ou transmitida por qualquer forma e/ou quaisquer meios (eletrônico ou mecânico, incluindo fotocópia e gravação) ou arquivada em qualquer sistema ou banco de dados sem permissão escrita da Editora. Direitos reservados.

Paulinas
Rua Dona Inácia Uchoa, 62
04110-020 – São Paulo – SP (Brasil)
Tel.: 2125-3500
http://www.paulinas.org.br – editora@paulinas.com.br
Telemarketing e SAC: 0800-7010081
© Pia Sociedade Filhas de São Paulo – São Paulo, 2014

UNISAL
Centro Universitário Salesiano de São
Unidade São Paulo – *Campus* Pio X
Rua Pio XI, 1100 – 05060-001
São Paulo – SP (Brasil)
Tel.: 3649-0200
http://www.pio.unisal.br

Sumário

Introdução – *Ney de Souza* 5

PARTE I
VATICANO II, TEXTO E TESTEMUNHO

Concílio Vaticano II, testemunho de um padre conciliar –
Dom José Maria Pires 15

Lumen Gentium e a nova consciência da Igreja. Perspectivas
e esperanças – *Geraldo Lopes* 30

Concílio Vaticano II: memória e esperança –
Dom Júlio Endi Akamine 60

PARTE II
VATICANO II, HISTÓRIA, TRADIÇÃO E RENOVAÇÃO

Vaticano II, preparação e discussões antes da abertura do concílio –
Ney de Souza 69

Os papas do concílio: João XXIII e Paulo VI –
Edgar da Silva Gomes 83

Concílio Vaticano II: tradição e renovação. Exigências de uma
hermenêutica conciliar – *Elza Helena de Abreu* 102

PARTE III
VATICANO II, LITURGIA E TEOLOGIA EM TEMPOS LÍQUIDOS

A Palavra de Deus em documentos do Vaticano II e pós-conciliares –
Gregório Lutz 125

A *Sacrosanctum Concilium* – elementos para uma história
da gênese do texto – *Gabriel Frade* 146

Liturgia no coração do mundo de hoje – novo jeito de ser Igreja,
novo jeito de celebrar a partir da *Gaudium et Spes* – *Ione Buyst*.... 164

Uma teologia sólida para tempos líquidos? –
Maria Clara Lucchetti Bingemer 179

Introdução

Ney de Souza*

> Chegam-nos aos ouvidos insinuações de almas,
> ardorosas sem dúvida no zelo, mas não dotadas
> de grande sentido de discrição e moderação.
> Nos tempos atuais,
> não veem senão prevaricações e ruínas [...].
> Mas a nós parece-nos que devemos discordar
> desses profetas de desgraças,
> que anunciam acontecimentos sempre infaustos,
> como se estivesse iminente o fim do mundo.
> Na ordem presente das coisas,
> a misericordiosa Providência está nos levando
> para uma ordem de relações humanas que,
> por obra dos homens e a maior parte das vezes
> para além do que eles esperam,
> se encaminham para o cumprimento
> dos seus desígnios superiores e inesperados,
> e tudo, mesmo as adversidades humanas,
> converge para o bem da Igreja.[1]

Na atualidade vivemos no pluralismo onde o indivíduo pensa por si, permitindo a este mesmo indivíduo o convívio

---

* Ney de Souza tem pós-doutorado em Teologia (Pontifícia Universidade Católica do Rio de Janeiro), é doutor em História Eclesiástica (Pontificia Università Gregoriana de Roma), registro USP, professor titular da Pontifícia Universidade Católica de São Paulo e do UNISAL – Centro Universitário Salesiano de São Paulo – *Campus* Pio XI; http://lattes.cnpq.br/0397538756739675.

[1] JOÃO XXIII. Discurso de abertura do Concílio Ecumênico Vaticano II. In: *AAS* 54 (1962) 789.

com uma oferta múltipla de visões da realidade e dos padrões de comportamento. A expressão política do pluralismo é a democracia: os diferentes grupos têm as mesmas oportunidades e liberdade de expressão garantida. Aborda-se a verdade de um jeito novo e os meios de comunicação são usados para tanto. A tolerância não implica neutralidade de pensamento. Ser democrata demais é abrir caminho para a própria destruição da democracia. Há situações que jamais podem ser permitidas (racismo, fundamentalismo...). Pessoas e instituições que reclamam pelo monopólio da verdade, querendo mais segurança do que a busca corajosa da verdade, passam por sérias dificuldades. O pluralismo na Igreja Católica é um serviço prestado à unidade: os vários enfoques da unidade na diversidade. O legítimo pluralismo não é uma ameaça, mas condição indispensável para a catolicidade.

Os mistérios da fé são muitos e profundos para serem expressos por uma única filosofia ou teologia. O Concílio Vaticano II foi uma experiência de pluralismo, pois mostrou, além das diversas culturas diferentes, teologias dentro de uma mesma fé. A Igreja Católica só será católica se der mais ênfase a sua catolicidade e se não permitir que sua romanidade diminua a igualdade de culturas. O pluralismo não é uma consequência do pecado, mas um dom do Espírito que favorece a unidade da Igreja. Ele é sempre importante sinal dos tempos. Pluralismo requer liberdade e honestidade na busca da verdade. Pluralismo requer respeito pelo outro. Muito mais que tolerância, é necessário caminhar pelo conceito da alteridade.

Essa é a finalidade desta publicação, feita a partir do Simpósio de Teologia realizado no Centro Universitário Salesiano de São Paulo (Unisal – *campus* Pio XI). O curso de Teologia do Pio XI realizou esse evento acadêmico com o título "A 50 anos do Concílio Vaticano II, memória e esperança". Para ajudar a refletir esta temática, foram convidados especialistas e uma testemunha participante do Vaticano II. A estes colaboradores, que serão apresentados a seguir, juntaram-se outros articulistas que, num segundo momento, prepararam reflexões que apresentamos neste 4º volume da coleção "Teologia, interdisciplinaridade e sociedade".

A presente obra: *Concílio Vaticano II, memória e esperança para os tempos atuais*, está organizada em três partes. A primeira delas, "Vaticano II, texto e testemunho" apresenta as conferências realizadas no Simpósio do curso de Teologia do *campus* Pio XI. A segunda parte, "Vaticano II, história, tradição e renovação", foi formulada na intenção de oferecer, primeiramente, os antecedentes do concílio através de suas comissões preparatórias e uma visão de conjunto das atividades dos Papas João XXIII e Paulo VI, protagonistas do Vaticano II. Além disso, a parte afirma que o legado do Vaticano II só poderá tornar-se realidade se compreendido, estudado e assumido por todos. A terceira seção, "Vaticano II, liturgia e teologia em tempos líquidos", traz três textos diretamente ligados ao estudo da liturgia conciliar e pós--conciliar e, em seguida, uma reflexão para o estudo da teologia nestes tempos onde tudo é rapidamente descartável.

O artigo de Dom José Maria Pires, arcebispo emérito da Paraíba, intitulado "Concílio Vaticano II, testemunho de um padre conciliar", abre a primeira parte desta obra. No texto-testemunho, o autor afirma que a aula conciliar não era o único ambiente de encontro e de discussões conciliares. Dentro do Vaticano e anexo à aula, havia locais onde se podia tomar um ar, um chá ou um café e até trocar ideias. Estes locais foram apelidados de Bar Jonas e de Bar Abbas, de acordo com sua localização mais próxima aos assentos dos padres conciliares ou dos superiores maiores, peritos, assessores e convidados. Nesses dois bares se faziam muitos contatos com pessoas de outras nacionalidades e de outras tendências religiosas. O texto é enriquecedor não só pelo seu conteúdo, mas devido ao autor ter sido padre conciliar e, portanto, testemunha ocular desse momento de grande relevância para a história da Igreja Católica.

A seguir, temos o texto de Geraldo Lopes: "*Lumen Gentium* e a nova consciência da Igreja. Perspectivas e esperanças". O autor estuda o documento *Lumen Gentium* como um todo, embora detalhado por três temas precisos – luz, serviço e salvação –, e nos permite afirmar: "a Igreja, sinal elevado em meio às nações, é sacramento de Cristo". Ainda hoje, como outrora os gregos a Filipe, as pessoas ainda pedem às cristãs e aos cristãos: queremos ver o Cristo. Esclarecendo sua missão de luz-serviço-salvação, a Igreja tem maiores condições de anunciar Jesus Cristo em plenitude. Eis alguns dados que jamais poderão ser esquecidos. Pode-se afirmar, ao ler o artigo, que a *Lumen Gentium*, como documento síntese do Vaticano II, representa a janela aberta para o mundo, pronta para deixar entrar o "ar fresco", conforme a expressão de João XXIII a um jornalista que lhe perguntava o que esperava do Concílio Vaticano II.

Em seguida, Dom Júlio Endi Akamine, bispo auxiliar da Arquidiocese de São Paulo (região episcopal Lapa), com seu artigo "Concílio Vaticano II, memória e esperança", apresenta o Concílio Vaticano II como um esforço e uma operação de reforma de grande amplitude na história da Igreja. Essa amplitude pode ser constatada pelos temas que foram tratados. O bispo afirma:

> Se abrirmos o Compêndio do Vaticano II e folhearmos o seu índice, veremos que os documentos tratam de temas importantes e muito amplos: a revelação, a Igreja (sua natureza, sua constituição, seus membros, a sua atividade missionária e pastoral), a liturgia e os sacramentos, a formação sacerdotal, as Igrejas orientais, o ministério e a sacramentalidade da ordem episcopal e presbiteral, a vida consagrada, o apostolado dos leigos, a reforma dos estudos eclesiásticos, o ecumenismo e as outras religiões, a relação fé e cultura, a educação católica, os meios de comunicação social.

O seu estudo concentra-se na relação entre a originalidade única do Concílio Vaticano II, com sua ampla e rica memória, e a amplidão da necessária reforma, apenas iniciada.

A segunda parte, "Vaticano II: história, tradição e renovação", tem início com o artigo do professor Ney de Souza, intitulado "Vaticano II, preparação e discussões antes da abertura do concílio". O autor realiza um estudo sobre as comissões preparatórias, traçando assim um perfil teológico do que se pretendia para a assembleia conciliar. Em um ano e meio, dez comissões e dois secretariados prepararam 75 projetos, de valor desigual, sem perspectivas de futuro: as transformações culturais da sociedade ocidental, os graves problemas sociais da América Latina e as consequências produzidas pela descolonização sobre a Igreja asiática e africana eram praticamente ignoradas, enquanto predominava a preocupação de salvaguardar o centralismo romano e de reagir contra tudo o que pudesse lembrar um renascimento do modernismo. O estudo apresenta uma visão sintética da preparação ao Concílio Vaticano II: a consulta preliminar, as comissões preparatórias. Esses eventos são de grande importância para se compreenderem as discussões durante os quatro períodos do Concílio (1962-1965) e os desdobramentos no pós-Concílio.

Em "Os papas do Concílio: João XXIII e Paulo VI", Edgar da Silva Gomes apresenta uma análise histórica desses dois grandes e importantes papas. Para contribuir com as reflexões sobre esse importante evento na vida da Igreja, quase 50 anos após a finalização dos trabalhos conciliares que deram início ao sonhado *aggiornamento* proposto pelo Papa João XXIII e levado adiante pelo seu sucessor Paulo VI, o autor propõe nesse texto um breve caminhar pela história de vida desses papas que souberam fazer uma leitura precisa do contexto histórico para propor a tão necessária atualização da Igreja Católica.

O último artigo dessa parte, "Concílio Vaticano II: tradição e renovação. Exigências de uma hermenêutica conciliar", elaborado pela professora Elza Helena de Abreu, afirma que o pensar e fazer teológico não podem prescindir da realidade. A teologia projeta uma luz original sobre a realidade, ao estabelecer com ela uma relação dialógica, uma das fecundas conquistas do Vaticano II. A autora é convicta de que o legado do Vaticano II só poderá tornar-se realidade se compreendido, estudado e assumido por todos. Disso decorre a importância do seu aprofundamento com claras chaves hermenêuticas. Mesmo após 50 anos do Concílio, a questão da hermenêutica conciliar origina um profundo debate entre teólogos, historiadores e pastoralistas. Situar-se e adentrar-se na reflexão sobre a questão hermenêutica, apesar da sua complexidade, não deixa de ser um desafio para o cristão contemporâneo, condição para um protagonismo corresponsável na(s) Igreja(s) e no peregrinar da humanidade. Em síntese, o seu artigo apresenta seus interlocutores prioritários; aborda a questão da consciência sobre a gêneses do Vaticano II; estuda a tradição, uma categoria teológica pouco conhecida e a renovação, condição necessária para a evangelização; por fim, considera a questão da hermenêutica conciliar.

A terceira e última parte desta obra, "Vaticano II: liturgia e teologia em tempos líquidos", é aberta por um artigo de Gregório Lutz, intitulado "A palavra de Deus em documentos do Vaticano II e pós-conciliares". A exposição segue a seguinte ordem. Na primeira parte, sobre os documentos do Vaticano II, contemplam-se as constituições *Dei Verbum*, sobre a revelação divina, e *Sacrosanctum Concilium*, sobre a sagrada liturgia. Na segunda parte, o autor se detém nas afirmações mais importantes da exortação apostólica *Verbum Domini*, publicada em 2010, com a qual o Papa Bento XVI quis "dar a conhecer a todo o povo de Deus a riqueza surgida naquela reunião vaticana (a XII Assembleia Geral do Sínodo dos Bispos, de 5 a 26 de outubro de 2008) e as indicações emanadas do trabalho comum" (VD, n. 1). Na terceira parte são apresentadas as afirmações importantes que a CNBB apresenta em seu Documento n. 97, que tem como título "Discípulos e servidores da Palavra de Deus na missão da Igreja".

No segundo artigo dessa parte, intitulado "A *Sacrosanctum Concilium*: elementos para a história da gênese do texto", Gabriel Frade realiza um percurso iniciado a partir do Concílio de Trento (1545-1563), passando pelo movimento litúrgico até chegar às discussões conciliares e promulgação da constituição. O autor, no decorrer de seu texto, afirma que nos 400 anos seguintes ao concílio de Trento, notou-se paulatinamente que o imobilismo no campo da liturgia imperava em toda a Igreja, gerando dificuldades tanto no âmbito do diálogo interno, como no diálogo com a sociedade, dadas as novas exigências aportadas através das transformações em curso no mundo moderno/contemporâneo. Encerra o artigo constatando que, embora o texto tenha suscitado múltiplas incompreensões e vários ataques internos e externos, a constituição conciliar sobre a liturgia continua sendo um grande sopro do Espírito que ainda tem muito a dizer à nossa geração e, com certeza, também às gerações mais jovens.

Em seguida, o artigo de Ione Buyst, "Liturgia no coração do mundo de hoje: novo jeito de ser Igreja, novo jeito de celebrar a partir da *Gaudium et Spes*", estuda, num primeiro momento, a constituição *Gaudium et Spes* e destaca alguns artigos desta constituição que são fundamentais para a temática que apresentará em seu texto. Num segundo momento, expõe sumariamente como a chamada "recepção criativa" do Concílio Vaticano II, a partir de Medellín (1968), influenciou a maneira de ser Igreja, de celebrar e de compreender a liturgia na América Latina e, mais especificamente, no Brasil. O texto continua apresentando elementos teológico-litúrgicos e indicações práticas para uma liturgia que seja, de fato, cume e fonte da vida da Igreja.

Encerrando este livro, está o texto de Maria Clara Bingemer: "Uma teologia sólida para tempos líquidos?". Tendo presente as grandes mudanças na sociedade e Igreja atuais, a autora busca refletir sobre o impacto que um dos elementos dessa mudança de época traz: as novas tecnologias que causam impacto decisivo na humanidade e a concepção mesma de ser humano que a preside. Em seguida, examina como o Cristianismo é convocado e desafiado com esse novo estado de coisas e novas preocupações, quando ainda não terminou de resolver as primordiais. Outro aspecto tratado neste texto é a nova configuração do mapa das crenças religiosas de hoje. O estudo apresenta como se situa a proposta cristã nestes movediços tempos pós-modernos. Por último, procura entender como a teologia, um pensar articulado e organizado sobre Deus, pode autocompreender-se nesse novo cenário e compreender sua missão, que é a de ser "inteligência da fé".

Este conjunto de estudos sobre o Concílio Vaticano II revela um esforço posto em comum, partilhado, e que dá a visibilidade de uma comunidade científica viva e atuante em teologia. O texto oferece não só um instrumental para os estudantes, mas também para todos os que têm interesse em iniciar um aprofundamento na teologia e história desse grandioso evento da Igreja Católica no século XX: o Vaticano II.

Parte I

Vaticano II,
texto e testemunho

Concílio Vaticano II, testemunho de um padre conciliar

Dom José Maria Pires*

1 Memória: processo de mudança e desafios que perduram

Meminisse iuvat, já nos ensinava o velho Virgílio. Recordar é bom, é agradável, ajuda. Principalmente para o episcopado brasileiro, que viveu uma experiência única de Igreja e deu uma contribuição humana ímpar, a meu ver. Em número, éramos o terceiro episcopado, ultrapassado apenas pela Itália e pelos Estados Unidos. Como grupo éramos, certamente, o primeiro. Nenhum outro episcopado teve o

---

* Dom José Maria Pires, de 94 anos, é bispo emérito da Arquidiocese da Paraíba. Participou do Concilio Vaticano II. Foi membro da Comissão Central da CNBB e presidente da Comissão Episcopal Regional do Nordeste. Incansável no serviço ao Povo de Deus foi amigo fraternal de Dom Helder Camara, de Dom Marcelo Carvalheira, de Dom Paulo Evaristo Arns, de Dom Ivo Lorscheiter, de Dom Aloísio Lorscheider e de outras tantas pessoas que combateram a ditadura militar e que estiveram a serviço da fraternidade universal. É uma testemunha emblemática da caminhada, antes, durante e depois do Concílio Vaticano II. Palestra realizada no Simpósio de Teologia, de 7 a 9 de março de 2012, promovido pelo Curso de Teologia do UNISAL – Centro Universitário Salesiano de São Paulo, *Campus* Pio XI, com o tema "A 50 anos do Concílio Vaticano II: memória e esperança".

privilégio de ficar reunido na mesma casa e de realizar a mesma programação durante as quatro sessões do Concílio Ecumênico Vaticano II. E nenhum outro episcopado teve, como o brasileiro, tantas reuniões de estudo e tantos encontros fraternos de lazer. Até uma Assembleia Geral eletiva da CNBB pudemos realizar durante o concílio na *Domus Mariae*, que se tornou em Roma o ponto de referência para o Brasil.

Aberto solenemente o concílio no dia 11 de outubro de 1962, voltamos à Praça de São Pedro, no final da tarde daquele mesmo dia, para ouvir o Papa João XXIII, que naquela noite se dirigiu aos fiéis ali reunidos. Era noite de luar. O papa falou com a leveza e o carinho de um pai. E pediu às mães que o ouviam que, ao chegarem em casa, beijassem seus filhinhos e lhes dissessem que era a carícia do papa às crianças. No decurso das sessões, João XXIII ia recebendo os episcopados das várias nações. Em nossa vez, ele foi saudado pelo Cardeal Avelar Brandão Vilela em estilo bem burilado, como bem sabia fazer D. Avelar. Ao tomar a palavra, João XXIII começou a ler um discurso bem elaborado. Leu duas ou três linhas e disse: "Não me agrada. Também, não fui eu que escrevi; foi um dos meus secretários". E, deixando de lado as folhas, começou a nos falar que gostaria de conhecer o Brasil, que ouvira falar de um tal MEB (Movimento de Educação de Base) e que queria saber como era isso. A audiência se transformou numa conversa bem descontraída, um diálogo em família.

Após as primeiras sessões de reconhecimento e de necessárias informações, foram iniciados os trabalhos propriamente ditos. Todos nós recebemos esquemas a serem estudados, discutidos e votados. A discordância se tornou patente desde as primeiras intervenções dos padres conciliares. Os esquemas preparados pela Cúria Romana e distribuídos aos padres conciliares foram fortemente criticados. Um bispo chegou a afirmar: *Non timeo Petrum sed timeo auxiliares Petri*.

O desencontro começou e foi crescendo com a discussão de um dos esquemas sobre as duas fontes de Revelação. Os que tomaram a palavra na aula conciliar insistiam que não havia mais de uma fonte da Revelação, a saber, a Palavra de Deus, que se expressava seja na Escritura seja na Tradição. Como não se chegava a um entendimento que permitisse a continuidade dos trabalhos, o papa interferiu para dizer que todos nós éramos noviços em matéria de Concílio Ecumênico. Nenhum de nós havia participado de um concílio. Por isso, devíamos voltar para nossas hospedagens e aguardar. Foi uma espécie de recesso, durante o qual o papa recomendou que se organizassem encontros de bispos, formando grupos de países e línguas diferentes, para que cada um pudesse contar aos demais a história de sua Igreja particular. Assessores, peritos em teologia e conhecedores das línguas dos participantes do grupo deviam estar presentes para auxiliar na comunicação e para sintetizar o pensamento dos participantes. Terminado esse "noviciado", surgiu das intervenções dos bispos farto material, que foi transformado em esquemas. Estes novos esquemas nascidos do diálogo entre os padres conciliares substituíram com vantagem os esquemas preparados pela Cúria Romana. Estes ficaram apenas como documentos arquivados para a história.

Retomados os trabalhos na aula conciliar, o papa disse que se alteraria a ordem anterior e se começariam as discussões pela liturgia. De fato, nos relatórios dos encontros dos grupos, pôde-se perceber que, em todos eles, se deu destaque às romarias, às novenas, às festas de padroeiro que em todas as Igrejas se fazem. Por isso, se o elemento comum, presente em todas as Igrejas, é a oração, este será o primeiro tema a ser estudado no presente concílio, a saber, a oração, a liturgia. Em consequência, abandonou-se, naquele momento, a discussão sobre a Revelação e passamos ao estudo da liturgia, que se tornou o primeiro documento aprovado e promulgado pelo Vaticano II, a *Sacrosanctum Concilium*, documento trabalhado, mas não concluído, na primeira sessão. Somente no decorrer da segunda sessão, já sob a presidência de Paulo VI, foi promulgada a Constituição Conciliar sobre a Sagrada Liturgia, no dia 4 de dezembro de 1963.

A aula conciliar não era o único ambiente de encontro e de discussões conciliares. Dentro do Vaticano e anexo à aula, havia locais onde se podia tomar um ar, um chá ou um café e até trocar ideias. Estes locais foram apelidados de Bar Jonas e de Bar Abbas, de acordo com sua localização mais próxima aos assentos dos padres conciliares ou dos superiores maiores, peritos, assessores e convidados. Nesses dois bares se faziam muitos contatos com pessoas de outras nacionalidades e de outras tendências religiosas. Contatos esses enriquecedores.

O episcopado brasileiro procurou tirar o maior proveito possível desses encontros informais. Como as sessões eram pela manhã, sobrava-nos tempo para palestras e encontros na parte da tarde. Era comum encontrarmos em nosso lugar, no refeitório da *Domus Mariae*, um aviso nestes termos: "V. Exa. é gentilmente convidado para um encontro à tarde com o teólogo Hans Kühng ou Oscar Cullmann, ou Pe. Congar, ou Marie-Dominique Chenu, Christopher Butler, Jean Daniélou, De Lubac, Karl Rahner, Joseph Ratzinger e tantos outros, católicos, protestantes e ortodoxos". Tivemos oportunidade de ouvir e interrogar estudiosos de todas as correntes.

A memória jocosa do concílio ia sendo feita diariamente através do "Conciliábulo", folha diária editada sob responsabilidade de D. Alberto Gaudêncio Ramos, arcebispo de Belém. Em tom divertido, transmitiam-se as notícias mais interessantes do que ia acontecendo durante o concílio. Em um de nossos encontros brasileiros, discutia-se a questão do hábito eclesiástico. Muitos bispos eram contrários à modificação do hábito tradicional. Um dos mais ferrenhos defensores da não substituição da batina pelo *clergyman* era D. Alexandre Gonçalves do Amaral (arcebispo de Uberaba, MG), que, a certa altura do debate, declarou: "Sacerdote de qualquer diocese que for de *clergyman* à arquidiocese de Uberaba, lá não terá uso de ordens". No dia seguinte, o "Conciliábulo" estampou uma foto de Papa Paulo VI, ainda cardeal, em visita à África, trajando um elegante *clergyman* branco. Abaixo da foto vinham os dizeres: "Este não teria uso de ordens na arquidiocese de Uberaba". Foi uma bomba! O exemplar desapareceu e a coleção do "Conciliábulo" ficou desfalcada daquele número.

Uma das maiores profecias do Vaticano II foi a insistência em apresentar a Igreja como povo, o Povo de Deus colocando a hierarquia na faixa de serviço ao Povo de Deus. Assim, o documento principal do Vaticano II – *Lumen Gentium* – não começa pela hierarquia, como estava no esquema preparado pela Cúria Romana, mas pelo Mistério da Igreja (capítulo 1) e pelo Povo de Deus (capítulo 2), deslocando para o capítulo 3, a hierarquia, ou melhor, a constituição hierárquica da Igreja. Surpreendente é notar que, no capítulo 2, sobre o Povo de Deus, se incluem também os não católicos e até os não cristãos.

Seja-me permitido respigar, nesse segundo capítulo, algumas afirmações que, a meu ver, podem levar a Igreja a uma séria revisão de atitudes para com os chamados irmãos separados, e que não são tão separados, e para com os denominados infiéis, que podem estar bem próximos de nós na fé como cristãos anônimos, fazendo parte daqueles que o Cristo reconhece como seus discípulos, porque "Tive fome e me destes de comer". "Quando Senhor?" "Quando fizestes isso a um desses pequeninos, que são meus irmãos, foi a mim que o fizestes" (Mt 25,35.40). Na *Lumen Gentium*, capítulo 2, n. 13 e seguintes, pode-se ler:

> Todos os homens são chamados a pertencer ao novo Povo de Deus. Por isso, esse povo, permanecendo uno e único, deve estender-se a todo o mundo e por todos os tempos, para que se cumpra o desígnio da vontade de Deus [...]. Foi para isso que Deus enviou seu Filho, a quem constituiu herdeiro de todas as coisas, para ser o

Mestre, o Rei e o Sacerdote de todos, Cabeça do novo e universal povo dos filhos de Deus. Para isso, Deus enviou enfim o Espírito de seu Filho, Senhor e fonte de vida. É ele que congrega toda a Igreja, cada um e todos os crentes. [...] A Igreja fomenta e assume [...] as capacidades, as riquezas e os costumes dos povos. Assumindo-os, purifica-os, reforça-os e eleva-os. Todos os homens, pois, são chamados a essa católica unidade do Povo de Deus, que prefigura e promove a paz universal. A ela pertencem ou são ordenados de modos diversos, quer os fiéis católicos, quer os outros crentes em Cristo, quer, enfim, todos os homens em geral, chamados à salvação pela graça de Deus.[1]

É verdade que o pós-concílio promoveu uma série de regulamentações que, de certo modo, obnubilaram a inspiração original de muitos textos conciliares. Seria possível recuperar o espírito que animou os padres conciliares na elaboração desses documentos? É certamente um desafio, um grande desafio a ser enfrentado.

Falemos então dos desafios. Eles constituem o segundo ponto de nossa palestra.

2 Desafios da evangelização no mundo pós-moderno a partir da Constituição *Gaudium et Spes*

O bom Papa João foi escolhido por Deus para dar ao mundo essa nova esperança de uma Igreja que fosse testemunho vivo da unidade de todo o Povo de Deus. Isso levaria a Igreja a buscar ultrapassar o estado de cristandade, herdado da Idade Média, para retornar às fontes do Cristianismo. A concretização deste projeto já era, *de per si*, um grande

---

[1] Constituição Dogmática *Lumen Gentium* sobre a Igreja, cap. 2, n. 13. In: *Compêndio do Vaticano II. Constituições. Decretos. Declarações*. 30. ed. Petrópolis: Vozes, 2000.

desafio. A começar pela sua aceitação, já que as instituições são, por natureza, conservadoras.

Uma proposta de mudanças soa como uma agressão ou um convite à infidelidade. A Igreja Católica não está imune a essa provação. Uma mudança de rota que levasse a sacudir a poeira das tradições humanas acumulada através dos séculos e que agora impedia as novas gerações de enxergarem a Igreja como o farol, o sinal que vai à frente do povo mostrando-lhe o caminho para Deus, era inaceitável para muitos que sempre consideraram a Igreja como sociedade perfeita.

O problema se manifestou desde a primeira hora, nas comissões encarregadas de elaborar os esquemas de trabalho. Surgiram logo as resistências a mudanças que tivessem aparência de concessões. Como dialogar com as outras Igrejas, se a Católica é a detentora da verdade? Ecumenismo só se entende como a aceitação da verdade por aqueles que estão no erro. Todos devem buscar o único porto de salvação, que é a Igreja Católica. O axioma: "Fora da Igreja não há salvação" vale para todos. Como admitir a autonomia das ciências, se elas devem submeter-se aos dados da Revelação Divina? É possível admitir mudanças na liturgia e permitir que a missa e os sacramentos sejam administrados em língua vulgar, com o risco de se perder o sentido exato dos termos? E a concelebração que, então, só era admitida no sacramento da Ordem? E a comunhão sob as duas espécies? Questões litúrgicas e disciplinares dividiam as mentes e criavam tensões dentro e fora da aula conciliar. Como as divisões existiam também dentro das próprias comissões preparatórias, os esquemas elaborados para serem apresentados à consideração dos padres conciliares não podiam deixar de refletir essa realidade.

João XXIII conseguiu resolver todas essas dificuldades com duas palavras: refontização e *aggiornamento* (voltar às fontes e atualizar). A inspiração para as decisões conciliares deveria remontar não aos séculos precedentes mas às origens, ao Evangelho, fonte primigênia do Cristianismo: refontização. Mas o Evangelho deveria ser lido com os olhos iluminados pela realidade do tempo presente: *aggiornamento*. O concílio seria para a Igreja como um novo Pentecostes. A Igreja deve ser um sinal que aponte ao mundo o caminho de sua plena realização. Com o passar dos anos, esse sinal foi-se deixando cobrir com a poeira do tempo e perdeu visibilidade. Caberia ao concílio sacudir a poeira que ofuscava o sinal, para que ele voltasse a brilhar e a apontar caminhos seguros. Substitua-se o esquema vigente: Igreja e mundo, como se fossem duas realidades supremas e independentes, pelo esquema Igreja no Mundo, onde a Igreja deve ser uma presença consorte, animadora e transformadora.

É evidente que essa mudança de perspectiva encontraria grandes dificuldades de aceitação porque exigiria mudanças profundas de atitudes e hábitos arraigados. A começar pela própria imagem de Igreja. Teríamos que sair de uma imagem piramidal – papa, bispos, padres, religiosos e leigos – para uma imagem comunional: papa, bispos, padres e religiosos a serviço do Povo de Deus. À frente desse povo não estaria o papa, mas Jesus Cristo, conduzindo sua Igreja ao Pai, animada pelo Espírito. Todo o Povo de Deus é um povo sacerdotal, participante desde o batismo do sacerdócio real de Cristo. Do meio desse povo, são chamados alguns para se colocarem a serviço do sacerdócio comum de todos os fiéis. Eles exercem um sacerdócio ministerial, distinto do sacerdócio comum e transmitido por um sacramento, o da Ordem, com a missão de convocar o Povo de Deus, anunciar-lhe a Palavra, ir à sua frente mostrando-lhe o caminho, que é o Senhor Jesus. Ele se faz presente na Eucaristia, que é alimento na caminhada, companheiro na estrada e certeza de bom termo na viagem. A Eucaristia não é privilégio de piedosos: é força para todos os viajantes, rumo à casa do Pai. A comunhão eucarística é parte integrante da celebração e todos deveriam colocar-se em condições de participar dela. Até a época do concílio, muitos se contentavam com a comunhão que solicitavam e recebiam fora da missa.

Aqui entram outras mudanças importantes do concílio. Por ser a Eucaristia o sinal e o instrumento da unidade (sacramento da Unidade), não tem sentido vários sacerdotes celebrarem ao mesmo tempo em altares diferentes. A concelebração, que antes só era permitida para as ordenações (os ordenandos concelebravam com o bispo ordenante), torna-se agora comum em todas as reuniões programadas ou não dos sacerdotes. E, por ser o sinal da unidade do bispo com o seu presbitério, se institui a missa da unidade em todas as catedrais na Quinta-feira Santa, distinta da missa da Ceia do Senhor. Nas dioceses extensas, onde não seria possível estarem presentes todos os sacerdotes – pois deveriam celebrar à tarde em suas bases a Ceia do Senhor –, antecipa-se a missa da unidade para uma data mais oportuna nas proximidades da Quinta-feira Santa, de modo a permitir que todo o clero possa estar unido no altar a seu bispo e renove com ele os compromissos pastorais.

Quanto ao povo, a importância de sua participação efetiva é assinalada em duas novidades pós-conciliares: a missa voltada para o povo e as celebrações em vernáculo. Quando teve início o concílio, eu já tinha mais de 20 anos de sacerdócio. Nunca havia celebrado uma missa em português, nunca havia feito um batizado ou dado uma absolvição ou feito uma encomendação de defunto em português; era tudo em latim e, enquanto o padre celebrava, o povo cantava o ofício de Nossa Senhora ou rezava o terço. E não foi fácil no concílio conseguir a aprovação do vernáculo. Um número elevado de padres conciliares pleiteava que se preservasse a intocabilidade do mistério na fidelidade ao latim, língua que não corria mais o risco de mudanças de sentido como acontecia com o vernáculo.

A abertura a maior participação do povo não ficou limitada ao vernáculo e ao altar voltado para a assembleia. O concílio reconheceu e proclamou a maioridade dos leigos na

Igreja mostrando-lhes como campo próprio de santificação sua inserção nas realidades terrenas. A constituição pastoral "A Igreja no Mundo de Hoje", a *Gaudium et Spes*, bem como o decreto sobre o apostolado dos leigos ultrapassam a visão pré-conciliar do leigo como colaborador do apostolado hierárquico da Igreja. O concílio mostra que os leigos agem não como colaboradores do clero, mas em nome próprio, membros que são de Cristo e da Igreja, responsáveis diretos pela santificação do mundo. E o concílio não fala só dos leigos católicos. Ele lembra que desse Povo de Deus fazem parte também os não católicos e até os não cristãos. Todos estão a caminho do encontro com Cristo.

Se Igreja é todo o Povo de Deus, devem-se criar condições para que haja cada vez mais participação e comunhão. Os ministérios de leitor e acólito, bem como os ministérios extraordinários da Palavra, da Comunhão Eucarística e das Exéquias, eram formas de participação desconhecidas antes do concílio, quando só ao sacerdote e ao diácono era permitido tocar as espécies consagradas (e até os vasos sagrados: cálice e patena). O concílio restaurou o diaconato permanente, para o qual admitiu homens casados. Pena que essa ordem sagrada esteja sendo utilizada não para cobrir espaços que os sacerdotes não têm conseguido atingir, como aconteceu no início da Igreja com os diáconos Estêvão, Filipe e os demais, mas para fazer o que outros leigos podem ser autorizados a fazer, como pregar a Palavra, distribuir a comunhão e ministrar o Batismo. Necessitamos de diáconos para levar o Evangelho a áreas de desafio onde a Igreja não se faz presente e onde os sacerdotes não teriam como chegar. É o caso dos bolsões de miséria, das favelas, do mundo das drogas, da violência, dos meninos de rua, das vítimas da prostituição... desafios que a Igreja não tem conseguido enfrentar e que, por isso, não recebem uma atenção eficaz do Bom Pastor, que deixa as noventa e nove no redil e sai à procura da centésima que se extraviara.

Haveria outros campos além dos elencados, onde os avanços do Vaticano II ainda não chegaram? Com certeza, e eu lembraria dois que me parecem urgentes. O primeiro é uma participação mais reconhecida da mulher. Houve tempo em que a mulher não podia nem mesmo cuidar das alfaias sagradas. Era necessário que um sacerdote purificasse primeiro corporais e sanguinhos, antes que mãos femininas os lavassem e engomassem. Tocar na hóstia consagrada? Nem pensar. E hoje, não mudou para melhor? A mulher não pode fazer tudo isso e mais ainda? Pode, em termos. Se não houver homens para fazê-lo.

Em uma de nossas visitas *ad limina*, a última de que participou D. Helder Câmara, estávamos na Congregação dos Religiosos, da qual era prefeito nosso grande amigo, o Cardeal Pironio. D. Helder levantou a seguinte questão: "Cardeal Pironio, V. Eminência sabe que na Igreja há muito mais religiosas do que religiosos. Nesta Congregação dos Religiosos, quantas religiosas estão presentes e participam das decisões?". O cardeal respondeu com clareza e simplicidade: "D. Helder, hoje as religiosas que atuam nessa congregação não estão aqui apenas para os serviços domésticos. Algumas dão assessoria em vários departamentos da congregação. Entretanto, as decisões sobre a vida consagrada são tomadas em reuniões de que só participam cardeais e bispos". Numa palavra, somente homens decidem sobre assuntos femininos.

E nem é preciso ir a Roma para perceber que o concílio ainda não conseguiu derrubar todos os preconceitos, todos os muros de separação. Entre nós, em qualquer de nossas dioceses ou paróquias, há mais mulheres que homens como ministros extraordinários da Comunhão Eucarística, mais mulheres que homens como catequistas. Os homens podem ser instituídos ministros da Palavra e da Comunhão Eucarística. As mulheres, não. Recebendo os ministérios de leitor e de acólito, os homens são automaticamente constituídos como catequistas e ministros extraordinários da Comunhão Eucarística. A mulher está excluída desses ministérios. Eis o que diz o cânon 230, §1, do Código de Direito Canônico: "Os leigos varões que tiveram a idade e as qualidades estabelecidas por decreto da Conferência dos Bispos podem ser assumidos estavelmente, mediante o rito litúrgico prescrito, para os ministérios de leitor e acólito".

> É verdade que há um prêmio de consolação para a mulher. Ela está incluída no §3 do mesmo cânon n. 230: "Onde a necessidade da Igreja o aconselhar, podem também os leigos, na falta de ministros, mesmo não sendo leitores ou acólitos, suprir alguns de seus ofícios, a saber, exercer o ministério da Palavra, presidir as orações litúrgicas, administrar o Batismo e distribuir a sagrada comunhão, de acordo com as prescrições do direito".

Outro campo em que o pós-Vaticano II parou, foi o do ministério ordenado. A ordenação diaconal de homens casados foi um grande passo de retorno às fontes. Era de se esperar que a refontização prosseguisse e chegasse à ordenação presbiteral de homens casados. Na conferência de Medellín (1968), vários participantes já esperavam para breve essa decisão. A expectativa continua. O diácono pode distribuir a comunhão, mas não pode presidir a Eucaristia, cuja celebração é indispensável para a vida da comunidade eclesial, o que também é afirmação do concílio: "Não se edifica nenhuma comunidade cristã, se ela não tiver por raiz e centro a celebração da santíssima Eucaristia; por ela há de iniciar-se por isso toda educação do espírito comunitário".[2]

Nos primórdios da Igreja, bispos, presbíteros e diáconos eram recrutados das duas fontes: casados e celibatários, de acordo com o carisma dos convocados para o ministério. Com o passar dos anos, a vida religiosa desenvolveu-se tanto na Igreja, que o número de ministros ordenados procedentes dos Institutos da Vida Consagrada era suficiente para

---

[2] DECRETO *Presbyterorum Ordinis* sobre o ministério e a vida dos presbíteros, cap. 2, n. 6. In: *Compêndio do Vaticano II*.

atender as necessidades dos fiéis. Aí foi possível introduzir a lei do celibato. Na Igreja oriental, entretanto, continuou e continua até hoje a disciplina antiga. Somente para o episcopado se exige o celibato como pré-requisito. O concílio reconhece que se trata de questão disciplinar e só da Igreja Latina, quando nos diz:

> Por sua natureza, a perfeita e perpétua continência não é exigida do sacerdócio como se evidencia pela praxe da Igreja primitiva e pela tradição das Igrejas orientais, onde – além daqueles que com todos os bispos, por dom da graça, escolhem observar o celibato – existem igualmente os presbíteros casados de altíssimo mérito. Enquanto, pois, recomenda o celibato eclesiástico este sacrossanto sínodo, de forma alguma, intenciona mudar aquela disciplina diversa, que vigora legitimamente nas Igrejas orientais, e exorta com muito amor aqueles que receberam o presbiterado no matrimônio a que perseverem em sua santa vocação e continuem a empenhar a vida, plena e generosamente, em favor do rebanho a eles confiado.[3]

Essas delongas, porém, não impedem que os resultados do Concílio Vaticano II tenham sido e estejam sendo positivos para a Igreja e para toda a sociedade.

Recordemos alguns exemplos.

Na liturgia: a introdução do uso do vernáculo na missa e na administração de todos os sacramentos; o abrandamento do jejum eucarístico; a simplificação dos ritos em todos os sacramentos; o mesmo com respeito às vestes litúrgicas; a supressão da primeira tonsura, substituída pelo rito de admissão entre os candidatos às ordens sacras; a supressão do subdiaconato; a simplificação do ofício divino; o destaque dado à colegialidade; a extensão da concelebração como expressão de comunhão eclesial e hierárquica.

---

[3] DECRETO *Presbyterorum Ordinis* sobre o ministério e a vida dos presbíteros, n. 16.

Exemplos em outras áreas: a importância dada à relação Igreja-Mundo; a autonomia das ciências e das realidades temporais; a isenção dos religiosos e seus limites; a autonomia dos leigos; a supressão de alguns impedimentos e irregularidades; a dignidade da Igreja Particular; a visão de diocese não como território, mas como porção do Povo de Deus; Igreja-Povo de Deus; o ecumenismo; a imagem de Igreja pobre e servidora.

Essa nova visão de Igreja não ficou só nos documentos. Alguns gestos significativos e bem espontâneos vieram ilustrar o que os padres decidiram na aula conciliar. Paulo VI fez certamente o mais emocionante destes gestos, quando, numa celebração ecumênica, ele e o Patriarca Atenágoras se abraçaram, se beijaram e declararam sem efeito a antiga excomunhão recíproca com que as Igrejas Católica e Ortodoxa selaram a separação no século XI. O mesmo papa edificou e surpreendeu a aula conciliar quando, na abertura da 4ª sessão, entrou na Basílica de São Pedro, não na sedia gestatória, mas caminhando e usando um báculo comum e, em lugar da tiara, uma mitra igual à dos demais bispos. Foi também, a partir do concílio, que inúmeros bispos deixaram as pomposas residências episcopais e foram residir em casas modestas, mais perto do povo. Os palácios episcopais foram adaptados para serviços diversos. D. Helder deu o testemunho mais eloquente ao deixar o Palácio dos Manguinhos e ir morar na sacristia da igreja das Fronteiras. Sua última lição, porém, foi na linha do social, quando ele levantou o grito: "Ano 2000 sem miséria!".

Infelizmente, a fome e a miséria continuam mesmo após o ano 2000. Somos todos corresponsáveis pela solução deste e de outros problemas sociais, como, por exemplo, a violência, as drogas, o sexo sem amor, pois o Evangelho adverte a todos os discípulos de Cristo: "Dai-lhes vós mesmos de comer". E somos urgidos por um apelo mais forte ainda quando o Cristo se apresenta a nós na pessoa do faminto, do drogado, do encarcerado, da prostituta: "Eu estava com fome, preso, nu e me destes de comer" (cf. Mt 25,35-40).

Consideração final

Igreja e sociedade civil devem somar esforços para que todos esses males sejam debelados. Acredito que, no momento em que a reflexão dos teólogos, dos pastores e dos políticos caminhar nessa direção de recuperar as aberturas e as intuições do Vaticano II, todos cumpriremos melhor a missão registrada nessa belíssima afirmação da *Gaudium et Spes:* "As alegrias e as esperanças, as tristezas e as angústias dos homens de hoje, sobretudo dos pobres e de todos os que sofrem, são também as alegrias e as esperanças, as tristezas e as angústias dos discípulos de Cristo".[4]

---

[4] Constituição *Gaudium et Spes* sobre a Igreja no mundo de hoje, n. 1. In: *Compêndio do Vaticano II*.

Lumen Gentium e a nova consciência da Igreja

Perspectivas e esperanças

Geraldo Lopes*

Se desdobrarmos o título do presente artigo, vamos encontrar três tópicos bem escalonados: 1º) LG e a nova consciência da Igreja; 2º) Perspectivas; 3º) Esperanças. A exemplo das *explanationes* dos padres da Igreja, vou procurar abordá-los num todo, sem as subdivisões que se fazem clássicas no "lugar seminarístico" no qual nos encontramos.

Sei que vocês já vivenciaram a lembrança do que foi o concílio na conferência de D. José Maria Pires, testemunha viva daquele acontecimento. Certamente, D. José mostrou a vocês a riqueza que o Espírito concedeu à Igreja nos quatro períodos conciliares, de 1962 a 1965. Jovem bispo, D. José embebeu-se do espírito conciliar. Na idade profética de seus 94 anos, terá legado a vocês um pouco daquele profetismo que dinamizou todo o seu pastoreio.

---

* Geraldo Lopes é doutor em Teologia pela Università Pontificia Salesiana (Roma). Atua principalmente na área da Teologia Sistemática. Disponível em http://lattes.cnpq.br/6789583210017546.
Palestra realizada no Simpósio de Teologia, de 7 a 9 de março de 2012, promovido pelo Curso de Teologia do UNISAL – Centro Universitário Salesiano de São Paulo, *Campus* Pio XI, com o tema "A 50 anos do Concílio Vaticano II: Memória e Esperança".

1 O tempo da realização do concílio: os anos 1960

Os anos 1960 foram de uma riqueza inigualável para a humanidade. Os homens e mulheres daquele tempo deixaram-se "embebedar" pela *hybris* científica e pela força que ela parecia conceder. Começaram, àquela época, a estar mais voltados para a conquista da terra do que para o Reino de Deus. À secularização, processo positivo a reconhecer a autonomia das realidades terrenas e assumido pelo concílio na *Gaudium et Spes*, segue-se um secularismo orgulhoso, tornando habitual o esquecimento de Deus. Os humanos querem a liberdade a todo custo, num processo que os desumaniza e destrói. O laicismo que então se origina, transforma-se em norma sapientíssima para ordenar a sociedade humana. As religiões, reveladas ou não, transformam-se em panaceias para todos os males e em pujante fonte de riquezas.

O concílio, fiel à tradição bíblico-patrística, apregoou em alto e bom som: Deus existe. Está vivo. É pessoal. Providente. Dotado de infinita bondade e misericórdia. É o criador de todas as coisas. Quando o ser humano fixa em Deus a sua mente e o seu coração, está realizando o ato maior, mais perfeito e expressivo de toda a sua vida. Ainda hoje tal ato pode hierarquizar a imensa galeria das atividades humanas.

Na mente de João XXIII, o concílio foi pensado, convocado e realizado, para que a Igreja entrasse no íntimo de si própria. Ela era convidada a encontrar em si a palavra viva de Cristo. Esta palavra que vive e opera no Espírito Santo. Sondando o seu mistério, ela redescobriria, uma vez mais, o desígnio e a presença de Deus. Este encontro reavivaria na Igreja o fogo da fé, segredo da sua segurança e da sua sabedoria. Isso fazendo, voltaria a cantar sem descanso os louvores de Deus.

2 Três palavras-chave

O tropeço para quem faz uma apresentação de documentos que já se supõem conhecidos, e após 50 anos, é obrigação de ofício conhecê-los, é a repetição. Se *repetita juvant*, as repetições podem também enfastiar... A *Lumen Gentium* está em sua plena maturidade de 48 anos. No ser humano essa idade costuma ser de plenitude. Num documento, pode parecer velhice. Contudo, em se tratando de um documento "dogmático", não se fala de vetustez. Fala-se de amplitude de conhecimento e de colheita de riquezas.

Procurando obviar as repetições, o que será humanamente impossível, vamos basear esta apresentação em três palavras: *luz*, *serviço* e *salvação*. Outros vocábulos poderiam ser escolhidos e, quiçá, produzirem os mesmos e até melhores efeitos. Estes três me vieram à mente num *insight* significativo. Voltava do Rio de Janeiro para Tatuí e pensava em como detalhar minha palestra. As palavras surgiram nessa ordem do pensamento. Rascunhei-as em um pedaço de papel e comecei a ajuntar conceitos a seu redor.

A publicação da *Lumen Gentium*, em 29 de novembro 1965, já manifesta uma Igreja com uma nova consciência do seu ser e do seu agir. Espero que a apresentação a seguir manifeste este dado.

2.1 Luz

Luz é um conceito amplo. Está ligado a fogo, claridade, calor, vida, bem como a morte e destruição. Humana e socialmente falando, é um elemento de energia primordial. Num mundo em busca de fontes alternativas de energia, esta palavra é de suprema atualidade. Não vamos estender-nos neste tema, pois daria para escrever livros e teses. Pequenina e cintilante, fria ou quente, imensa e produzindo temperaturas altíssimas, a luz é o momento fundamental da vida. Um ser começa a ser outro quando vê, com seus próprios olhos, a luz. Em uma, duas ou três dimensões, a luz é a fonte de todas as curiosidades dos seres vivos.

A luz foi o primeiro ato do momento criacional: "No princípio, Deus criou o céu e a terra. A terra estava sem forma e vazia. As trevas cobriam o abismo e um vento impetuoso soprava sobre as águas. Deus disse: 'que exista a luz!'. E a luz começou a existir" (Gn 1,1-3). Este texto faz a delícia dos biblistas, exegetas, teólogos, místicos... "E a luz começou a existir." A luz foi princípio de todas as soluções que Deus queria trazer ao mundo.

O tema da luz costura todas as páginas da Bíblia. Se o Espírito Santo é a "divina luz" e é ele o autor da Bíblia, podemos dizer que a Palavra de Deus é a luz a iluminar todas as pessoas que vêm a este mundo.

Não é aqui o caso de fazer um estudo bíblico sobre o tema da luz. Aceno a alguns textos, não precisando as passagens, uma vez que são sobejamente conhecidas. Quando o povo deixava a escravidão, Deus, como luz, iluminava a sua caminhada, formando uma nuvem de fumaça a impedir que o perseguidor o seguisse. Quando, gemendo no cativeiro, o profeta Isaías entoa radiante: "o povo que andava nas trevas, viu uma grande luz". Entre as missões que Israel recebeu de Deus está a de ser "sinal elevado no meio das nações, sendo luz".

Em o Novo Testamento, o tema da luz é mais precioso ainda. O anúncio do nascimento de Jesus aos pastores é obra de uma luz que os ilumina. A manifestação do Senhor aos gentios, os magos, é obra da luz. Em forma de estrela, que aparece e se esconde, ela conduz os Magos até a manjedoura, onde jazia o Salvador que eles adoraram. Esta luz que ilumina os pastores e os magos é a vida, segundo São João. "Nele esta a vida, e a vida é a luz dos homens". O tema da luz vai acompanhando o Novo Testamento, até concluí-lo de forma majestosa. O dia da Ressurreição é o dia da luz. A noite pascal é "a noite mais clara que o dia". A Jerusalém celeste é iluminada pelo Cordeiro. Ninguém mais precisará de outra luz. Jesus é o rebento de Davi, a brilhante estrela da manhã.

O tema da luz acompanha a Igreja da patrística. As cristãs e os cristãos são chamados de iluminados – os *fotismoi*. Os melhores escritos dos padres são as catequeses dirigidas *ad illuminandos*, aos que iam receber a luz.

Lumen Gentium: a palavra luz-*lumen* abre a Constituição sobre a Igreja. A luz torna-se aqui um mistério: o mistério da Igreja, enquanto sacramento da Trindade e sacramento da comunhão dos seres humanos como Povo de Deus.

2.1.1 Sacramento da Trindade

O primeiro capítulo aborda a Igreja como mistério. Ela é sacramento de Cristo. Realiza a vontade salvífica do Pai na missão e obra do Filho, seu fundamento primeiro e último. É vivificada e santificada pelo Espírito. Torna-se na terra a semente do Reino que se vai realizando em figuras que constituem o Corpo Místico de Cristo. Como mistério, a Igreja é uma sociedade ao mesmo tempo visível e espiritual. Vamos realçar aqui:

a) a majestade do exórdio de LG 1: "A luz dos povos é Cristo: por isso, este sagrado concílio, reunido no Espírito Santo, deseja ardentemente iluminar com a sua luz, que resplandece no rosto da Igreja, todos os homens, anunciando o Evangelho a toda a criatura (cf. Mc 16,15)";

b) a Igreja como mistério da aliança iniciada no Antigo Testamento, realizada na morte-ressurreição-efusão do Espírito, e a ser concluída na glória no final dos tempos;

c) a Igreja é o lugar, o espaço e a comunidade para encontrar o Pai, em Cristo, pela santificação do Espírito;

d) preparada desde a criação do mundo, a Igreja é, em Cristo, a semente do Reino definitivo. Pela ação dos sacramentos, o Espírito constrói a unidade que o Pai preparou para o gênero humano. Dela a Igreja se faz sinal elevado em meio às nações;

e) a Igreja como um todo é criatura da Trindade: o Espírito consuma a obra do Filho e faz com que os seres humanos tenham acesso ao Pai;

f) com o Espírito, fonte de vida, o Pai santifica e vivifica a Igreja, habitando no coração dos fiéis, dando neles testemunho da adoção filial;

g) ademais, o Espírito é quem realiza na Igreja todas as ações, rejuvenescendoa-a e renovando-a constantemente. "Porque o Espírito e a Esposa dizem ao Senhor Jesus: "Vem!"". Assim, a Igreja toda aparece como "um povo unido pela unidade do Pai e do Filho e do Espírito Santo";

h) a missão primeira da Igreja é pregar a Boa-Nova da chegada do Reino, transformando sua ação em acontecimento do Reino. Este, como a semente lançada no campo, vai realizando por força própria a germinação, o crescimento até a colheita final;

i) a LG substitui a linguagem metafísica pelas imagens significativas da Bíblia e dos padres;

j) a Igreja está peregrinando nesta terra, suspirando pelos bens celestes e as coisas do alto. Lá Cristo está sentado à direita do Pai e a Igreja está escondida com ele, esperando o dia de aparecer na glória;

k) como o corpo está unido à cabeça, a Igreja está continuamente unida a Cristo através dos sacramentos, o elo estável e indissolúvel. Toda a ação sacramental é dinamizada pela alma da Igreja, que é o Espírito Santo unificador. Ele conduz a Igreja até que alcance a plenitude de Deus;

l) o tema da luz continua na apresentação das virtudes teologais como fundamento da Igreja-comunidade e, ao mesmo tempo, da sociedade humana hierarquicamente organizada como comunidade ornada com os dons celestes. Ressalte-se aqui a analogia da Igreja com o Verbo encarnado, na qual a estrutura social da Igreja serve ao Espírito Santo;

m) a Igreja assim organizada é a Igreja una, santa, católica e apostólica, conforme professamos no Credo. Após sua ressurreição, Jesus Cristo entregou e confiou a difusão e governo desta Igreja a Pedro e aos demais apóstolos. Esta Igreja, constituída e organizada neste mundo como sociedade, subsiste na Igreja Católica, governada pelo sucessor de Pedro e pelos bispos em união com ele. Fora desta comunidade eclesial se encontram muitos elementos de santificação e de verdade;

n) a Igreja não pode realizar sua missão na grandeza e sim na pobreza e na abnegação, seguindo o exemplo de Cristo: evangelizar os pobres... sarar os contritos de coração, procurar e salvar o que perecera...

o) comunidade de pessoas santas e pecadoras, a Igreja é chamada a exercitar continuamente a penitência e a renovação. Vivendo em meio às perseguições do mundo e às consolações de Deus, a Igreja é robustecida pela força do Senhor e do seu Espírito até que se manifeste em plena luz na casa do Pai.

2.1.2 Sacramento da comunhão dos seres humanos

O tema do Povo Deus, sacramento de comunhão dos seres humanos com a Trindade e entre si, traz uma luz nova e forte. Pela aliança que o Pai realiza em Cristo mediante o seu Espírito, esse povo é todo sacerdotal. Com esse Povo, o Pai fez uma nova e eterna aliança. O Povo de Deus é um povo sacerdotal. É dele que sai, para servir, o sacerdócio ministerial. O sacerdócio comum desse povo é exercitado nos sacramentos. Esse povo vive da fé e dos carismas que o Espírito distribui. As características do Povo de Deus:

a) ser um povo único, universal e católico, subsistindo na única Igreja Católica que é necessária para a salvação. Possui vínculos com os cristãos não católicos, relacionando-se com os não cristãos, pessoas religiosas ou de boa vontade;

b) ser um povo missionário por essência, pois o projeto de Deus é salvar os seres humanos em comunidade;

c) ser um povo com quem Deus faz aliança e o constitui luz para os demais povos. O povo de Israel é figura do que Deus realizaria em seu Filho, Verbo encarnado, em quem Deus estabeleceu a nova aliança, prometida anteriormente;

d) com a morte-ressurreição-envio do Espírito, uma nova e eterna aliança é instituída para todos: o Povo de Deus é formado de judeus e gentios. O sinal da circuncisão não passa mais pelo prepúcio, e sim pelo coração;

e) este povo será a raça escolhida, sacerdócio real, nação santa, povo conquistado... Cristo é a cabeça e em seus corações, como num templo, habita o Espírito Santo. A lei fundamental deste povo é amar como Cristo amou;

f) esse povo é um pequeno rebanho, constituído germe de unidade, de esperança e de salvação; plena do Espírito de Cristo, a Igreja é dotada de todos os meios convenientes para a unidade visível e social. Ela sabe que, pela cruz, chegará à luz que não conhece ocaso;

g) a Igreja deverá oferecer oblações espirituais e anunciar os louvores da Trindade, anunciando os louvores daquele que das trevas chamou à sua admirável luz;

h) este povo-luz se efetiva na vivência sacramental. Os sacramentos são os meios de salvação que permitem aos fiéis, qualquer que seja sua condição ou estado, atingir a perfeição para a qual o Senhor os chama e cada um por seu caminho.

i) esse povo é profético, carismático e missionário, pois toda a humanidade é destinada a ser povo de Deus. Todas as pessoas são chamadas a esta unidade católica do Povo de Deus, que anuncia e promove a paz universal.

j) a esta unidade pertencem, de vários modos, ou a ela se ordenam, quer os católicos, quer os outros que acreditam em Cristo, quer, finalmente, todas as pessoas em geral. Com efeito, pela graça de Deus, ninguém se encontra fora do chamado à luz da salvação;

k) é significativa a tratação dos fiéis não católicos e dos judeus...

2.2 Serviço

A segunda palavra em torno da qual quero ler a *Lumen Gentium* é *serviço*. O dicionário o caracteriza com estes conceitos: serviço é desempenho de funções obrigatórias. É trabalho e duração do trabalho. É produto das necessidades do ser humano, destinado à satisfação de necessidades humanas, mas que não apresenta o aspecto de um bem material... Assim é o transporte, a educação, a saúde... Serviço é também a organização de certas instituições públicas ou privadas, encarregada de uma função particular.

Enfim, à palavra serviço está ligada uma dimensão de obrigatoriedade, realização pessoal e gratuidade. Contudo, como tantas outras palavras, esse termo está desgastado. Os serviços públicos, e mesmo alguns particulares, encontram-se em situação lastimável...

Mais desanimados ficamos, se utilizamos o termo ministério, tradução latina de serviço... Termo usado para indicar o serviço prestado em algumas denominações religioso-evangélicas, ministério é pouco utilizado como serviço preciso na Igreja Católica. Utilizamos, sim, e muito, o termo ministro, que deveria ser o servidor por antonomásia. Não pensemos na conotação política deste termo, pois desanimaríamos. O ministro deveria ser servidor, e termina por servir-se das pessoas às quais deveria servir.

"Mas entre vós não deverá ser assim", já admoestou Jesus Cristo. O maior tem que servir, a exemplo do Filho do Homem que veio para servir e não para ser servido. O serviço é o denominador da Igreja. À época do concílio ouvia-se frequentemente: por uma Igreja servidora e pobre... As primeiras Campanhas da Fraternidade insistiram sobejamente nessa função da Igreja. O "Servo de Javé" é um dos temas teológicos mais fortes do profetismo. Isaías detalha essa dimensão nos Cânticos do Servo de Javé, textos quaresmais por antonomásia. O Novo Testamento capta essa força portante do Evangelho, a ponto de Paulo afirmar: "fiz-me servo de todos para salvar a todos". Não poderíamos deixar de afirmar a força dessa mensagem na patrística. E por que não, na vida de santas e santos de todos os tempos. As cristãs e os cristãos são chamados para servir a todas as necessidades das mulheres e homens do seu tempo. Para um mundo no qual tudo é pago, e bem pago, a gratuidade do serviço é o profetismo, que não poderá faltar na Igreja.

Penso poder ler nessa linha do serviço-ministério os capítulos terceiro [A constituição hierárquica da Igreja e, em especial, o episcopado], quarto [Os leigos] e sexto [Os religiosos]. Eis o espaço que a *Lumen Gentium* dá à dimensão ministerial-servição do Povo de Deus. Formidável!

2.2.1 Um serviço primordial: a hierarquia

Gostaria de afirmar – sem querer magoar ninguém, pois agora me encontro do outro lado – que o conceito de hierarquia da *Lumen Gentium* é uma inversão de uma figura geométrica à qual estamos habituados... O Povo de Deus, como um todo, passa da base ao topo. Ele é hegemônico.

O capítulo terceiro abre-se com um proêmio sobre o primado de Pedro, centro e princípio da hierarquia. A seguir, trata do colégio dos doze e dos bispos, seus sucessores, que são o grande sacramento de Cristo. Relacionam-se mutuamente entre si e com sua cabeça, o papa. Sendo sacramentos de Cristo, os bispos têm o tríplice múnus de ensinar, santificar e reger a grei que lhes foi confiada. Dessa hierarquia, em graus diversos e com funções precisas, participam os presbíteros e os diáconos. Eis a síntese. Respiguemos alguns tópicos.

• O centro dinâmico e de coesão deste capítulo é a afirmação do primado de Pedro no colégio apostólico. A razão desse serviço é a salvação de todos os homens e mulheres.

- O primado de Pedro é uma instituição perpétua; a ele liga-se o serviço dos bispos, sucessores dos apóstolos. *Una cum Petru*, os bispos governam a casa de Deus vivo.

- Escolhidos pelo mesmo Cristo, que conferiu a eles a missão de todas as pessoas, serem seus discípulos pela pregação, santificação e governo. A partir de Pentecostes, com a luz do Espírito, a ação dos apóstolos e de seus sucessores reúne a Igreja Universal, tendo Cristo por pedra angular e cabeça de todo o corpo.

- O serviço dos bispos é transmitido em sucessão ininterrupta do múnus apostólico. Eles receberam, com os seus colaboradores, os presbíteros e diáconos, o encargo da comunidade, presidindo em lugar de Deus ao rebanho de que são pastores como mestres da doutrina, sacerdotes do culto sagrado, ministros do governo.

- Segundo a vontade explícita do Senhor, na Igreja permanecem o múnus confiado singularmente a Pedro e o múnus dos apóstolos, que é o de apascentar a Igreja.

- O sagrado concílio ensina que, por instituição divina, os bispos sucedem aos apóstolos como pastores da Igreja.

- Na ação pastoral, os bispos são assistidos pelos presbíteros, ministros de Cristo e dispensadores dos mistérios de Deus, tendo-lhes sido confiado o testemunho do Evangelho da graça de Deus e a administração do Espírito e da justiça em glória.

- A unidade colegial do papa com os bispos existe desde a escolha dos apóstolos, tendo Pedro como seu chefe. Esta ação colegial é atestada por toda a tradição da Igreja, bem como o seu costume de agir mediante os concílios ecumênicos, pela praxe de indicação de um novo bispo. A constituição de um novo membro do corpo episcopal dá-se em virtude da sagração episcopal e pela comunhão hierárquica com a cabeça e os membros do colégio.

- O papa, sucessor de Pedro, é a cabeça do colégio episcopal e tem o poder sobre todos, quer pastores, quer fiéis.

Ele, em virtude do seu cargo de vigário de Cristo e pastor de toda a Igreja, tem nela pleno, supremo e universal poder, que pode sempre exercer livremente.

• A ordem dos bispos, juntamente com o romano pontífice, sua cabeça, e nunca sem ele, é também sujeito do supremo e pleno poder sobre toda a Igreja, poder este que não se pode exercer senão com o consentimento do romano pontífice. Só Pedro foi constituído como pedra e calvário da Igreja; contudo, o encargo de ligar e desligar, conferido a ele, foi também atribuído ao colégio dos apóstolos unido à sua cabeça.

• O Concílio Ecumênico é o exercício solene do poder universal do colégio dos bispos, com o papa, sobre toda a Igreja.

• O papa é o perpétuo fundamento das Igrejas particulares. Os bispos são o seu princípio visível de unidade. Cada Igreja particular é formada à imagem da Igreja universal.

• Enquanto membro do colégio episcopal e legítimo sucessor dos apóstolos, o bispo está obrigado, por instituição e preceito de Cristo, à solicitude sobre toda a Igreja.

• Em seu serviço pastoral o bispo deve privilegiar os membros pobres, sofredores e que padecem perseguição por amor da justiça. Governando bem a própria Igreja, como porção da Igreja universal, o bispo concorre eficazmente para o bem de todo o Corpo místico, que é também o corpo das Igrejas.

• A missão canônica de cada bispo está diretamente ligada à comunhão apostólica e deve estar sempre em comunhão com o papa, junto com o qual se torna testemunha da verdade divina e católica.

• O mais preeminente desse magistério é o do romano pontífice, mesmo quando não fala *ex cathedra*. Desta prerrogativa gozam também os bispos, quando, unidos entre si e com o papa, ensinam verdades autênticas de fé e de costumes.

- O Concílio Ecumênico é a expressão máxima do magistério do papa e dos bispos. O concílio os constitui doutores e juízes da fé e dos costumes de toda a Igreja. Seu ensinamento e definições devem ser acatados por todo o Povo de Deus.

- O romano pontífice, em razão do seu ofício de cabeça do colégio episcopal, é infalível sempre que, como supremo pastor dos fiéis cristãos, aos quais deve confirmar na fé, define alguma doutrina em matéria de fé ou costumes. As suas definições dizem-se irreformáveis por si mesmas e não pelo consenso da Igreja, pois foram pronunciadas sob a assistência do Espírito Santo, que lhe foi prometida na pessoa de Pedro...

- A infalibilidade prometida à Igreja reside também no colégio episcopal, quando este exerce o supremo magistério em união com o sucessor de Pedro.

- Os bispos governam as Igrejas locais como servidores e guardas. Devem lembrar-se de que aquele que é maior se deve fazer como o menor, e o que preside, como aquele que serve. Responsáveis pela ação pastoral, os bispos governam com e sob a vigilância da autoridade suprema, cientes de que o Espírito Santo conserva indefectivelmente a forma de governo estabelecida por Cristo na sua Igreja.

- O sacramento da Ordem, por determinação do mesmo Cristo e ação do Espírito Santo, é vivido em grau diverso por diversos sujeitos na Igreja. Desde a antiguidade encontramos, pois, bispos, presbíteros e diáconos.

- Os presbíteros dependem dos bispos no exercício de sua missão, mas, pelo sacramento da Ordem, são consagrados para pregar o Evangelho, apascentar os fiéis e celebrar o culto divino como verdadeiros sacerdotes do Novo Testamento. Sua missão atinge o seu cume na celebração da Eucaristia.

- Os diáconos receberam o sacramento da Ordem em função do serviço ao Povo de Deus, em união com os bispos e os presbíteros. É seu ministério administrar solenemente o Batismo, guardar e distribuir a Eucaristia, assistir e abençoar o matrimônio, em nome da Igreja, levar o viático aos moribundos, ler aos fiéis a Sagrada Escritura, instruir e exortar o povo, presidir ao culto e à oração dos fiéis, administrar os sacramentais, dirigir os ritos do funeral e da sepultura... Consagrados aos ofícios da caridade e da administração, lembrem-se os diáconos da recomendação de São Policarpo: "misericordiosos, diligentes, caminhando na verdade do Senhor, que se fez servo de todos".

2.2.2 Um serviço difuso e profuso: as leigas e os leigos

• Leigos e leigas não pertencem à hierarquia, e formam a unidade do Povo de Deus na diversidade de seus dons e carismas.

• Eles têm a missão de consagrar o mundo por dentro, pelo próprio apostolado e por sua peculiar relação com a hierarquia.

• Com seu modo específico de viver, leigos e leigas colaboram diretamente com os pastores para o bem do Povo de Deus.

• Peculiar de leigos e leigas é a característica secular, ordenando as realidades do mundo para Deus.

• Como fermento na massa, leigos e leigas concorrem para a própria santificação vivendo dentro de todas as realidades terrenas.

• Leigas e leigos transformam toda a sua vida e ação em sacrifícios espirituais agradáveis a Deus por Jesus Cristo, consagrando, destarte, o próprio mundo.

• Pela virtude da esperança, transformam o mundo no qual se encontram segundo aquele que aguardam pela fé e dinamizam pelo amor.

• Sua vida tem uma só missão: permitir que Cristo ilumine cada vez mais a humanidade inteira com sua luz salvadora, sendo testemunhas da ressurreição, da vinda do

Senhor e sinal do Deus vivo. Leigos e leigas são a alma do mundo.[2]

2.3.3 Um serviço especializado: religiosas e religiosos

Religiosos e religiosas constituem o capítulo sexto. Os conselhos evangélicos professados em votos formam o estado religioso que tem como finalidade precípua o serviço divino pelo testemunho de vida. Religiosos e religiosas vivem, normalmente, em comunidades, dirigidas pelas suas regras e constituições. Embora tenha uma forma peculiar de viver, eles se relacionam com seus pastores, pois fazem parte integrante de uma Igreja local. Devem se destacar pela pureza no serviço do mundo, sendo instados a perseverar na santidade.

Entre os dados mais importantes frisados pelo capítulo, citam-se:

• a afirmação dos conselhos evangélicos como dom divino recebido do Senhor e conservado com carinho e zelo pela Igreja. Não é estado intermediário entre laicado e hierarquia, uma vez que de ambos são chamadas pessoas para se consagrarem com votos ao Senhor;

• os votos colocam cristãos e cristãs que os professam em um novo e especial serviço de Deus e das irmãs e irmãos. Transformam as pessoas que os emitem em sinal, para que os demais membros da Igreja vivam a própria vocação;

• é a Igreja quem regula a vida consagrada e aprova e assiste as suas constituições ou regras; a fidelidade ao bispo da Igreja particular, na qual se encontra a comunidade religiosa, é sinal de acolhida e proteção da mesma Igreja.

• a vida religiosa exige renúncias de bens de grande valor, mas não impede o verdadeiro desenvolvimento das pessoas, e sim o potencia;

---

[2] Cf. *Carta a Diogneto*. Petrópolis: Vozes, 1984, cap. 6, p. 8.

- a vida religiosa plenamente vivida, mediante a sua perseverança e humilde fidelidade, é um serviço inestimável à comunidade cristã;

- a perseverança na vocação aperfeiçoa a santidade da Igreja e glorifica a una e indivisível Trindade que, em Cristo e por Cristo, é a fonte e a origem de toda a santidade.

3 Salvação

É outro termo de riqueza inigualável na Escritura. O Deus de Israel apresenta-se como o Salvador. Na Bíblia, salvar é o ato de abaixar-se, descer até a pessoa que está caída por terra e soerguê-la, tratar dela e fazê-la caminhar com suas próprias pernas. Além dos textos do Antigo Testamento, máxime dos profetas, no Novo Testamento esse tema aparece constantemente. Já no cântico de Simeão, Jesus é apresentado como Salvador. Na narração da parábola do homem que tombara nas mãos de bandidos, Jesus se autoapresenta como Salvador. E ao morrer na cruz, suas palavras são a confirmação daquilo que Deus quer ser para a humanidade: "hoje estarás comigo no Paraíso". O Novo Testamento, entre tantas afirmações, apresenta o nome de Jesus como a salvação que é dada a todos.

O tema salvação, eu o vejo nos capítulos quinto [a vocação de todos à santidade na Igreja], sétimo [a índole escatológica da Igreja peregrina e a sua união com a Igreja celeste] e oitavo [a Bem-aventurada Virgem Maria Mãe de Deus no mistério de Cristo e da Igreja].

3.1 Uma salvação como vocação-tarefa

A santidade é a vocação única de todos os homens e mulheres. A pessoa estavelmente santa já está em processo de salvação adiantada... se é que assim podemos dizer. No fundo, santidade é unir-se a Deus. Santidade é um dom e uma vocação.

O centro do capítulo quinto é a vocação à santidade de todos os homens e mulheres. Este chamado é universal, a partir do único mestre e modelo que é Jesus Cristo. Esta santidade pode e deve ser vivida nos diversos estados de vida que compõem o Povo de Deus. Ela atinge o seu ápice no martírio, quando uma pessoa dá a própria vida por Jesus Cristo, pelo seu Evangelho, pela sua Igreja. O testemunho de Cristo é a razão de ser dos conselhos evangélicos e deve ser vivido no estado de vida de cada pessoa. Façamos um aceno a alguns tópicos.

a) a santidade é um dom único em Cristo, é vontade de Deus. Na Igreja ela aparece de modo muito explícito nos conselhos evangélicos, vividos por pessoas que são chamadas a uma santidade feita testemunho de vida;

b) a santidade é ordem explícita de Jesus: ser perfeito como o Pai é perfeito e se sintetiza no mandamento do amor. Toda a santidade começa na vocação batismal vivida na fé. Os frutos da santidade aparecem na vida concreta e são benéficos a toda a sociedade;

c) santidade é abertura ao sopro do Espírito e pode ser vivida em todos os gêneros de vida, mas é missão primordial da hierarquia... Todas as pessoas, contudo, cada qual em seu estado peculiar, são chamadas à santidade pela participação no amor com o qual Cristo amou a sua Igreja e por ela se entregou;

d) as virtudes teologais sustentam a caminhada de santidade e atingem o seu ápice no martírio. São provas de santidade o celibato e a virgindade vividos pelo Reino dos Céus e no estado de vida em que são consagrados... também a pobreza e a obediência manifestam a vocação à santidade.

3.2 Uma salvação já iniciada, ainda não consumada, mas vivenciada pelas pessoas que já vivem definitivamente em Cristo

Não temos nesta terra morada permanente, mas buscamos a eterna e futura. Esta frase do Novo Testamento sintetiza o capítulo sétimo: o caráter escatológico de nossa vocação. Destarte a Igreja, que ainda peregrina na fé e esperança, está unida no amor à Igreja do céu. Essa união se expressa nas orações que se fazem constantemente pelos irmãos e irmãs falecidos, no culto às santas e santos, no amor que expressamos e na liturgia da qual participamos. Vamos acentuar a seguir:

a) só no céu se dará a realização plena da Igreja. Ela já começou em Cristo, é continuada pela ação do Espírito e se consumará na glória eterna do Pai;

b) essa dimensão trinitária sustenta a caminhada do Povo de Deus, certo que está, na esperança, da salvação que lhe será dada um dia no céu;

c) enquanto peregrinamos, cristãs e cristãos vivem na esperança essa certeza de transformação plena de seus corpos e de todo o universo;

d) a espera não é só: temos a companhia da Igreja do céu. Sabemos que não interrompemos nossa comunhão com os que já morreram na paz do Senhor. Ao contrário, potenciamos nossa comunhão com a participação dos bens eternos;

e) a celebração das pessoas que morreram no Senhor é conservada, na Igreja, desde a Antiguidade. As pessoas que já morreram, cuja vida foi fiel a Cristo, são um motivo para que os que ainda vivem na esperança continuem buscando a cidade futura. Nos justos e justas, Deus revela-nos constantemente a sua face;

f) a celebração do sacrifício eucarístico nos une, no mais alto grau, ao culto da Igreja celeste, comungando e venerando a memória, primeiramente da gloriosa sempre Virgem

Maria, de São José, dos santos apóstolos e mártires e de todos os santos e santas;

g) há uma união vital da Igreja peregrina com os irmãos e irmãs que já estão na glória e os que ainda se purificam. Unidos aos santos e santas num culto verdadeiro à Trindade, antecipamos o culto eterno da glória celeste. Quando Cristo aparecer na glória, candelabro da cidade celeste, proclamaremos numa só voz: "louvor, honra, glória e poderio, pelos séculos dos séculos, àquele que está sentado no trono, e ao Cordeiro".

3.3 Maria, ícone da salvação definitiva

O capítulo oitavo, por vontade explícita do concílio, está colocado dentro da *Lumen Gentium*. Alguns elementos são sublinhados:

• A Bem-aventurada Virgem Maria Mãe de Deus, no mistério de Cristo e da Igreja.

• Por vontade explícita do concílio, o tema referente à Virgem Maria foi integrado na *Lumen Gentium*, constituindo-se no seu oitavo capítulo.

• Suas subdivisões fazem parte explícita do capítulo.

• Um proêmio que trata de Maria Mãe de Cristo e da Igreja declara a intenção do concílio.

• Tratando da presença de Maria na economia da salvação, a LG faz uma leitura bíblico-eclesial da preparação da Mãe do Redentor no Antigo Testamento e da sua figura no Novo Testamento: anunciação, infância de Jesus, sua vida pública, sua paixão e sua presença no meio da Igreja após a ascensão.

• A partir de então, a Virgem Santíssima é membro eminente da Igreja do seu Filho.

• Por sua maternidade espiritual, ela exerce um influxo salutar na Igreja, repetindo sempre aos seus filhos e filhas que façam tudo o que o seu Filho mandar. Maria é, pois, tipo da Igreja como Virgem e Mãe, gerando sempre novos filhos e filhas para a Igreja e oferecendo a todos o exemplo de suas virtudes para que sejam imitadas.

- Excelsa Mãe de Jesus Cristo, a Virgem Maria é venerada com um culto de especial devoção pelos fiéis de todos os tempos. Por isso, o concílio exorta para que a pregação e o culto de Nossa Senhora sejam feitos com a linguagem bíblica e da sadia tradição da Igreja.
- Destarte Maria é sinal de esperança e de consolação para os membros da Igreja peregrina, enquanto se faz medianeira para a unidade da Igreja do seu Filho.

4 Perspectivas e esperanças

Olhando o Documento *Lumen Gentium* como um todo, embora detalhado por três temas precisos – luz, serviço e salvação –, podemos afirmar: *a Igreja, sinal elevado em meio às nações, é sacramento de Cristo*. Ainda hoje, como outrora os gregos a Filipe, as pessoas ainda pedem às cristãs e aos cristãos: queremos ver o Cristo. Esclarecendo sua missão de luz-serviço-salvação, a Igreja tem maiores condições de anunciar Jesus Cristo em plenitude. Eis alguns dados que jamais poderão ser esquecidos... (perdoem-me a ousadia do advérbio *jamais!*)

- Igreja é uma comunhão de caridade, a saber, uma rede interligada de pessoas em relação amorosa com Deus e com as demais pessoas.
- Ela é uma expressão da graça de Deus e na qual todos os seus membros participam do serviço da vida.
- Os fiéis que formam a Igreja constituem o Povo de Deus. Portanto, o clero, os leigos e os religiosos pertencem à mesma comunidade de fé, esperança e amor. São fundamentalmente iguais. Não há dois níveis de adesão à Igreja e, portanto, não se justificam grupos separados ou considerados mais que os outros...

- O Povo de Deus como um todo é responsável pela vida e crescimento da Igreja

- A colegialidade dos Bispos e sua comunhão com o Papa demonstram o inestimável e insubstituível serviço no múnus de ensinar, santificar e governar a Igreja.

- Farol levantado entre as nações, a comunidade eclesial é fermento de um mundo novo pela comunhão que é chamada a criar entre as demais religiões cristãs, as religiões do mundo e as pessoas de boa-vontade.

Concluindo estas perspectivas, pode-se afirmar que a *Lumen Gentium*, como documento síntese do Vaticano II, representa a janela aberta para o mundo, pronta para deixar entrar o "ar fresco", conforme a expressão de João XXIII a um jornalista que lhe perguntou o que esperava do concílio.

5 Esperanças

A esperança sustenta a pessoa em vida. Quando deixamos de esperar, deixamos também de viver. Detalho aqui algumas esperanças que podem ser suscitadas pela *Lumen Gentium*. Conhecedores que são da constituição, vocês podem discordar, acrescentar outras... O mais importante é que vivamos essa constituição, qualquer que seja o lugar da caminhada eclesial que ocupamos.

5.1 Desafios que se transformam em esperanças

Quase 50 anos se passaram desde a publicação do documento sobre a Igreja. Faço, sem pretensões de ser absoluto, algumas reflexões sobre alguns desafios que podem vir à mente de quem o lê pela primeira vez, ou o relê mais uma vez...

5.1.1 Compreensão do espírito que gerou a LG

O concílio foi convocado no final dos anos 1950 e realizado nos inícios da década de 1960. O mundo de então estava vivendo um momento mágico de sua história... Nem parece que foi somente há 50 anos! João XXIII sucede no pontificado a Pio XII. Não foi somente troca de pessoas... e sim uma verdadeira "revolução eclesial".

Muito já se escreveu a respeito. Conduzidos por dois hábeis "mestres de obra", João XXIII e Paulo VI, sucessivamente, mais de 2000 operários trabalharam laboriosamente durante quatro períodos de mais ou menos três meses. Rasparam as pesadas paredes da Igreja, cobertas por tintas carregadas e de cores muitas vezes aberrantes. Fizeram, então, a descoberta de um "afresco bíblico-patrístico" mostrando a Igreja original. A Igreja como foi vista em "figura" no Antigo Testamento, como foi realizada pela missão terrena de Jesus Cristo e como foi vivida sob a moção do Espírito durante os primeiros séculos da história. Essa Igreja que está destinada a consumar-se na glória, quando Deus for tudo em todos.

Sem a compreensão desse espírito idealizador, os documentos conciliares, máxime a *Lumen Gentium*, não passarão de um repertório de citações colocadas entre aspas.

5.1.2 A necessidade de descobrir o "rosto de Cristo no rosto da Igreja"[3]

Ao iniciar as reflexões sobre a *Lumen Gentium*, falamos da preocupação dos bispos alemães no começo do concílio: a dimensão eminentemente teológica, isto é, repropor Deus ao mundo. Mas Deus tem uma face concreta, visível, humana: Jesus Cristo. As pessoas querem encontrar Jesus Cristo. "Mostra-nos o Cristo", pediram os gregos ao apóstolo Filipe (Jo 12,21). "Mostra-nos o Pai", pediram os discípulos a Jesus na voz do mesmo Filipe (Jo 14,6). "Quem me vê, vê o Pai", é a resposta de Jesus. Ele é a luz que ilumina o caminho para o Pai.

---

[3] O título é o de uma conferência do Cardeal José Saraiva Martins. Apud http://www.vatican.va/roman_curia/congregations/csaints/documents/rc_con_csaints_doc_20021210_martins-rosto-de-cristo_po.html.

Repropor Jesus Cristo, a "luz dos povos". Lindamente estas foram as primeiras palavras da *Lumen Gentium*: "A luz dos povos é Cristo: por isso, este sagrado concílio, reunido no Espírito Santo, deseja ardentemente iluminar com a sua luz, que resplandece no rosto da Igreja, todos os homens, anunciando o Evangelho a toda a criatura" (cf. Mc 16,15).

Este é o grande, o imenso desafio, "repropor" o Cristo da Igreja, isto é, Jesus Cristo do Novo Testamento, Jesus Cristo dos mártires, Jesus Cristo das primeiras reflexões dos padres, Jesus Cristo da sadia teologia, Jesus Cristo dos sacramentos... Jesus Cristo, ontem, hoje e sempre (Hb 13,8).

A Igreja, à qual foi confiada a sublime missão de tornar presente e de revelar o rosto de Jesus Cristo aos homens e mulheres, não é constituída somente pelas suas estruturas, mas também por todos os membros do Povo de Deus. Mediante a Encarnação, ele uniu-se de certo modo a cada ser humano, mas está presente de maneira totalmente particular em cada um dos fiéis. Trata-se de uma presença tão íntima e profunda, que se pode manifestar em termos de identificação.[4]

Enfim, repropor Cristo com os testemunhos e os fatos. A este propósito, são sempre atuais as palavras do Papa Paulo VI: "O homem contemporâneo escuta de melhor boa vontade as testemunhas dos que os mestres, e se escuta os mestres, é porque eles são testemunhas".[5]

5.1.3 A explicitação do sentido e extensão do colégio episcopal

Teológica e pastoralmente falando, um dos grandes desafios do pós-concílio tem sido a interpretação e vivência da colegialidade e do colégio episcopal. Sim, a Igreja foi fundada sobre Pedro-pedra à frente dos doze. Este foi colocado à frente dos doze como um colégio, um grupo estável, uma

---

[4] Ibid.
[5] PAULO VI. Discurso aos membros do "Consilium de Laicis" (2.10.1974). In: *AAS* 66 (1974) 568.

ordem, um corpo organizado. Jesus instituiu esses apóstolos "à maneira de colégio ou grupo estável, ao qual prepôs Pedro escolhido entre os mesmos". Há, pois, na Igreja uma colegialidade estrita e plena, que é o corpo apostólico como sujeito do supremo e pleno poder sobre toda a Igreja, poder este que não se pode exercer senão com o consentimento do romano pontífice. Existe ainda uma atividade colegial expressada com os termos "solicitude de todas as Igrejas" e "união colegial" e "espírito colegial". Esta última "atividade colegial", embora não seja plena, é também atividade de verdadeira colegialidade e, por isso, tem um teor teológico e consistente.

Membro do colégio episcopal, o bispo é a cabeça de uma Igreja local, conservando-se em comunhão com os demais bispos e com o sucessor de Pedro. O episcopado, para o concílio, não pode ser corretamente compreendido fora da articulação entre a Igreja local e a comunhão universal das Igrejas, das quais ele é o elemento de ligação. O concílio afirma ainda que os bispos são sucessores dos apóstolos. Mais: a "colegialidade" dos doze é transmitida aos seus sucessores; por último, menciona as conferências episcopais.

Para fundamentar a doutrina sobre a colegialidade episcopal, o concílio apresenta quatro fatos que testemunham em seu favor: 1º) a existência, documentada pelo Novo Testamento, de um "colégio apostólico" tendo Pedro como chefe; 2º) a antiga disciplina da *communio* entre as Igrejas locais e os respectivos bispos; 3º) a celebração dos concílios, especialmente os ecumênicos; 4º) a praxe de consagrar os bispos colegialmente.

A colegialidade goza, pois, de duas raízes: uma sacramental e outra jurídica. A raiz sacramental ressalta que a ordenação "de modo algum se refere só ao indivíduo como indivíduo, mas é, conforme sua natureza, inserção num todo, numa unidade de ministério, pelo que é essencial vencer o individualismo e participar numa tarefa comum"; a raiz jurídica, por seu turno, "não aparece como acréscimo exterior ao sacramento da Ordem, mas como seu desenvolvimento conatural", pelo qual chega ao seu sentido pleno. Devolveu-se ao sacramento a prioridade em relação à jurisdição: "A consagração sacramental tem valor de causa eficiente, enquanto a comunhão hierárquica tem valor de condição indispensável para que a consagração possa operar a plena sucessão apostólica".[6]

O colégio episcopal, que sucede ao colégio apostólico nas tarefas de ensino, santificação e guia, em união com o papa, seu chefe, e jamais sem ele, é sujeito do supremo e pleno poder sobre a Igreja universal. Não são dois poderes distintos; distintos são somente os dois sujeitos que o possuem em toda a sua extensão e intensidade: um sujeito singular, que é o sucessor de São Pedro, e um sujeito colegial, que é o corpo episcopal inteiro.

> Nenhum é superior ao outro, pois entre os dois há uma distinção inadequada, e nenhum dos dois pode compreender-se sem o outro. De fato, quando os bispos agem colegialmente, fazem-no sempre com o papa, e quando o papa age individualmente, fá-lo enquanto cabeça do colégio e sua expressão.[7]

5.1.4 Igrejas locais e Igreja universal

Um dos ganhos maiores da volta às fontes, realizada pelo concílio, é a redescoberta da teologia da Igreja local. É nela que acontece a plena e ativa participação de todo o povo santo de Deus nas mesmas celebrações litúrgicas, máxime na Eucaristia, numa única oração, junto a um só altar, presidido pelo bispo, cercado de seu presbitério e ministros.

---

[6] ALMEIDA, Antonio José. "Por uma Igreja ministerial". In: http://ciberteologia.paulinas.org.br/ciberteologia/wp-content/uploads/2009/05/05jun-art-ministerial.pdf.
[7] Cf. ibid.

Estamos aqui em plena eclesiologia "sinfônica" de Santo Inácio de Antioquia em suas cartas.[8]

O tema da Igreja local é apresentado pela *Lumen Gentium* em quatro números e em diferentes contextos.[9] A LG 13 fala das Igrejas particulares, isto é, das Igrejas com as suas próprias tradições, seus ministérios e carismas, que precisam ser valorizados para a harmonia da Igreja universal. Amplia o conceito. "Os bispos individualmente são o visível princípio e fundamento da unidade em suas Igrejas particulares, formadas à imagem da Igreja universal, nas quais e pelas quais existe a una e única Igreja Católica." Essas Igrejas, presididas pelo seu bispo, têm a missão de santificar, ensinar e governar. Nelas está presente Cristo, cujo corpo e sangue comungamos. Nela os fiéis se transformam naquele que recebem. É nela que os bispos relacionam-se profundamente com os presbíteros. Eles congregam a família de Deus numa fraternidade que conduz à unidade. São eles que tornam presente, de certo modo, o seu bispo, bem como a própria Igreja universal.

> O concílio recupera, assim, um dado fundamental do Cristianismo primitivo, para o qual o primeiro significado da palavra *ecclesia*, (na maioria das vezes, o de primeiro plano) se refere à Igreja local. Em outras palavras: a Igreja realiza-se num lugar em cada uma das suas Igrejas locais; estas não são simplesmente partes de um corpo maior administrativo; cada uma delas contém o todo da realidade "Igreja". [...] A Igreja de Deus una, que existe, consta das Igrejas particulares, cada uma das quais representa o todo da Igreja.[10]

---

[8] Cf. Inácio de Antioquia. Aos Magnésios 7; aos Filadelfos 4; Aos Esmirnenses 8. In: FUNK, Franz Xaver. *Patres Apostolici*, I, pp. 236,166, 281.

[9] Cf. *Lumen Gentium*, nn. 13, 23, 26 e 28.

[10] ALMEIDA, Antonio José. "Por uma Igreja ministerial".

5.1.5 Aprofundamento trinitário e pneumatológico

O primeiro capítulo da *Lumen Gentium* trata da Igreja como sacramento da Trindade. Ela é ícone da Trindade.[11] Com efeito, na Trindade está a origem, o modelo e a meta da sociedade humana. Mais ainda. A Trindade é o regaço transcendente que envolve o mundo. Ela é a luz irradiante. Se a *Lumen Gentium* é o documento-chave para se compreender o Vaticano II, o capítulo um é a síntese dessa intelecção. Ele afirma, em seus números, que a Igreja vem da Trindade, estrutura-se à imagem da Trindade, caminha para o seu acabamento trinitário pela força do Espírito Santo.

A Trindade responde a questões fundamentais, como, por exemplo, de onde vem a Igreja, o que ela é e para onde vai.

Por sua libérrima vontade, o Pai (LG 2) criou por amor. Após a falta de nossos primeiros pais, ele não abandonou a humanidade. Num gesto supremo de amor e por causa do Verbo, por cuja Palavra ele tudo criou, foi escolhido Abraão para ser o início de uma nova humanidade na fé. Esse povo novo prefigura a Igreja, que será fundada no sangue de seu Filho e constituída como sinal e sacramento de salvação de todos, do justo Abel ao último eleito. Esta é a origem da Igreja.

Mas a Igreja existe em Cristo e a partir de Cristo (LG 3). Jesus Cristo cumpre esse desígnio do Pai, dando início na terra ao Reino dos Céus e revelando o seu mistério e realizando a redenção. Sua ação continua na Igreja, que presencializa na história a salvação até a consumação. Todas as pessoas, de todos os tempos, são chamadas a essa união com Cristo, luz do mundo, do qual viemos, por quem vivemos, e para o qual caminhamos.

Esse caminho é guiado pela força do Espírito Santo (LG 4), Senhor e fonte de vida e condição para se produzir frutos em Cristo. O Espírito Santo é a última determinação

---

[11] É o feliz título de um livro de Bruno Forte, traduzido e publicado pela Editora Loyola (segunda edição em 2005).

da Igreja. A Igreja não existe por si mesma, mas deve ser o instrumento de Deus, para reunir todas as pessoas nele e preparar o momento em que "Deus será tudo em todos". Sem o Espírito Santo, o mundo da Igreja se transforma num deserto e a sua ação torna-se uma luta pelo poder, pela supremacia, bem como na manifestação de todas as maldades... A ação do Espírito Santo faz da Igreja a grei, o regaço, o redil que acolhe todos os que creem em Cristo ou que de alguma forma se relacionam com ele e estão destinados a ele. Com sua ação, o Reino vai acontecendo e se estendendo a todos os povos e nações.

A dimensão trinitária da Igreja trouxe consequências fundamentais. A primeira foi, sem dúvida, a recuperação bíblico-patrística da sua consciência. Supera-se a eclesiologia jurídica, de cunho gregoriano, por uma eclesiologia de comunhão. Recupera-se a relação com o Reino de Deus e a dimensão de serviço ao mundo. Duas são as consequências desta visão:

1ª) Superação da eclesiologia jurídica; a Igreja passa a ser compreendida a partir de Deus, na sua dimensão vertical. Ela é o instrumento de Deus no mundo, local da proclamação da Boa-Nova do Reino de Deus, evangelizando todos os povos e nações.

2ª) Uma nova relação da Igreja com o Reino de Deus e com o mundo. A Igreja não se identifica com o Reino. Dele se faz sinal e instrumento. Esta única e verdadeira Igreja subsiste na Igreja Católica, que é governada pelo sucessor de Pedro com os bispos, em comunhão com ele. Contudo, fora do corpo da Igreja se encontram elementos de santificação e de verdade (cf. LG 8).[12]

---

[12] Os parágrafos finais foram inspirados em Hackmann, Geraldo Luiz Borges. A Igreja da *Lumen Gentium* e a Igreja da *Gaudium et Spes*. In: *revistaseletronicas.pucrs.br/ojs/index.php/teo/article/viewFile/.../1246* de PGLB Hackmann.

6 Uma conclusão que é novo desafio

"Apareceu no céu um grande sinal: uma Mulher vestida com o sol, tendo a luz debaixo dos pés, e sobre a cabeça uma coroa de doze estrelas" (Ap 12,1). Este majestoso texto do Apocalipse foi interpretado em chave eclesiológica pelos padres da Igreja, principalmente por Orígenes. A mulher revestida de sol é a Igreja iluminada por Cristo, que é a única luz dos povos. A vontade explícita do concílio foi a de iluminar com a luz de Cristo, pela ação sacramental da Igreja, todos os povos, anunciando-lhes o Evangelho. Para tanto, mister se fazia pôr de manifesto, aos fiéis e a todo o mundo, a sua natureza e missão universal (cf. LG 1).

Ao fazer esta pequena apresentação da Igreja, foi meu propósito redescobrir um pouco de sua riqueza. Por mais frágeis e pequenas que sejam as estruturas visíveis da Igreja, elas são o sacramento de um dom inestimável da Trindade. A família divina quis habitar na terra, na revelação do Verbo-Filho, pela ação do seu Espírito criador-renovador. E o Deus-família construiu a Igreja como a casa dos seus filhos e filhas, irmãos e irmãs do Verbo que se fez carne e veio habitar no meio da humanidade.

Os 69 artigos da *Lumen Gentium* e os seus 8 capítulos foram frutos de um longo e frutuoso debate. A discussão na aula conciliar mostrou o sopro do Espírito "renovando o ar que circulava na Igreja". Abriu-se de novo uma janela, há tempo entreaberta ou, quiçá, mesmo fechada. O horizonte que se descortinou foi muito rico. Com os olhos já habituados à luz, cristãos e cristãs redescobriram o projeto que Deus tinha para com a humanidade: salvar todas as pessoas e renovar todas as coisas em Cristo. Todas as pessoas são vocacionadas à Igreja, independentemente de sua crença... É preciso que se lhes pregue o Evangelho, primeiro com o testemunho e depois com a palavra. Redescobrimos que somos caminhantes. Antes de nós, contudo, muitíssimos irmãos e irmãs já cumpriram a própria missão e já participam da glória dos eleitos e eleitas junto do Cordeiro. Mas não nos abandonaram. Podemos e devemos unir-nos a eles/elas pela veneração e mesmo a prece confiante. São nossos exemplos e podem ser nossos intercessores/intercessoras. Caminhando com esta humanidade, a humilde serva torna-se um "grande-sinal", a mulher-Igreja, pois recebeu Jesus em seu seio e o gerou para nós. Da Igreja do seu Filho ela se torna tipo, modelo, intercessora. Caminhando na fé, somos hoje o que foi Maria na sua vida terrena. Caminhamos na esperança de ser um dia como ela é hoje na glória.

Quero concluir esta pequena apresentação com um trecho de Ambrósio de Milão que mostra a grandeza da Igreja e a beleza da graça de nela permanecer:

> Assim, pois, estai firmes no terreno do vosso coração!... O que significa estar, o apóstolo nos ensinou, Moisés o escreveu: "O lugar em que estás é terra santa". Ninguém está, senão aquele que está firme na fé... e mais uma palavra está escrita: "Tu, porém, está firme comigo". Tu estás firme comigo se estás na Igreja. A Igreja é a terra santa, na qual devemos estar... Está pois firme, e na Igreja. Está firme ali, onde eu quero aparecer a ti, ali permaneço junto a ti. Onde está a Igreja, lá é o lugar firme do teu coração. Sobre a Igreja se apoiam os fundamentos da tua alma. De fato, na Igreja eu te apareci como outrora na sarça ardente. A sarça és tu, eu sou o fogo. Fogo na sarça eu sou na tua carne. Fogo eu sou, para iluminar-te; para queimar as espinhas dos teus pecados, para dar-te o favor da minha graça.[13]

---

[13] Texto citado por Joseph Ratzinger. A eclesiologia da Constituição *Lumen Gentium*. In: *L'Osservatore Romano*, 4 jul. 2000; cf. http://www.angelfire.com/ult/bentoxvi/eclesiologia.htm. Acesso em: 08 mar.2012.

Concílio Vaticano II: memória e esperança

Dom Júlio Endi Akamine*

O Concílio Vaticano II representa o esforço e a operação de reforma mais ampla que se conhece na história da Igreja. Essa amplitude pode ser constatada pelos temas que foram tratados. Se abrirmos o Compêndio do Vaticano II e folhearmos o seu índice, veremos que os documentos tratam de temas importantes e muito amplos: a revelação, a Igreja (sua natureza, sua constituição, seus membros, a sua atividade missionária e pastoral), a liturgia e os sacramentos, a formação sacerdotal, as Igrejas orientais, o ministério e a sacramentalidade da ordem episcopal e presbiteral, a vida consagrada, o apostolado dos leigos, a reforma dos estudos eclesiásticos, o ecumenismo e as outras religiões, a relação fé e cultura, a educação católica, os meios de comunicação social.

A presente reflexão concentra-se na relação entre a originalidade única do Concílio Vaticano II, com sua ampla e rica memória, e a amplidão da necessária reforma, apenas iniciada.

---

* Dom Júlio Endi Akamine, Bispo Auxiliar da Arquidiocese de São Paulo e Vigário Episcopal da Região Lapa é Doutor em Teologia Sistemática (Pontificia Università Gregoriana de Roma), foi professor de teologia no Studium Theologicum (1995-2011).
Palestra realizada na abertura do Simpósio de Teologia, de 7 a 9 de março de 2012, promovido pelo Curso de Teologia do UNISAL – Centro Universitário Salesiano de São Paulo, *Campus* Pio XI, com o tema "A 50 anos do Concílio Vaticano II: Memória e Esperança".

1 Originalidade do Vaticano II

À universalidade dos temas corresponde a universalidade da representação episcopal. Nunca houve, em concílios precedentes, uma representação tão variada e rica de bispos quanto o Vaticano II. Além disso, pela primeira vez, peritos de várias nações trabalharam juntos na redação dos documentos conciliares. Trouxeram para dentro dos textos conciliares várias vozes de longas e ricas tradições culturais e teológicas.

Deve-se ressaltar também o número de padres conciliares que tomaram parte nesse evento (2.540 desde o início; o Vaticano I contou com 750, e Trento teve 258). Outro destaque foi a unanimidade das votações que bateram todos os recordes (a constituição sobre a revelação obteve 2.344 votos favoráveis contra somente 6 negativos).

Quase todos os concílios precedentes foram convocados como reação às heresias ou a desvios particulares. Mesmo que não seja justo considerar o Concílio de Trento unicamente sob a perspectiva da Contrarreforma, é perceptível que Trento se move dentro de fronteiras doutrinais bem limitadas, ou seja, trata somente da relação entre Escritura e Tradição, do pecado original, da justificação e dos sacramentos. Por sua vez, o Vaticano II inicia um processo de renovação que atinge a Igreja universal em todos os seus aspectos e níveis.

É também a primeira vez que um concílio enfrenta problemas absolutamente inéditos: a impressionante miséria de uma grande parte da humanidade, as diferentes formas de opressão da liberdade e dos direitos fundamentais do homem, a corrida armamentista, a ameaça da destruição da humanidade, a busca da unidade dos cristãos.

O Vaticano II é, com efeito, um evento que difere dos concílios precedentes e, por isso, se reveste de uma originalidade única.

2 Uma memória que já experimenta a renovação

Quando vemos os 16 documentos conciliares reunidos em um único volume (existem até mesmo algumas edições de bolso), corremos o risco de esquecer a imensidade do trabalho realizado durante esse período efervescente da Igreja, inaugurado por João XXIII, no dia 11 de outubro de 1962, e concluído por Paulo VI, no dia 8 de dezembro de 1965. Para se ter uma ideia da imensidão da empresa que foi o Vaticano II, basta pesquisar os 26 volumes (que, de fato, correspondem a 80 tomos) do *Acta Synodalia* ou Atas do Concílio.

Estamos celebrando os 50 anos do início do Concílio Vaticano II. Os anos passaram, mas o passado ainda não desapareceu, porque ele está na nossa memória, memória coletiva, que se materializa nos documentos e nas publicações que se seguiram. A memória é ainda formada pelos acontecimentos felizes e menos felizes que marcam a nossa Igreja de hoje; memória de cristãos que experimentaram a renovação conciliar como uma ruptura dolorosa; memória de outros que julgaram a renovação conciliar muito modesta. Os anos passaram, mas o passado não foi engolido pelo tempo. Permanece na memória.

Os 50 anos do concílio não é somente memória. Eles nos lançam ao futuro que apenas começou. Somente para continuar na mesma comparação: o Concílio de Trento deu seu nome a um período de 400 anos. Se equipararmos os períodos de Trento e do Vaticano II, veremos que iniciamos uma história que tem pela frente ainda três séculos e meio. Mas é preciso que nossa conta considere também a diferença entre Trento e o Vaticano II. O Vaticano II assinala uma mudança muito mais ampla do que a de Trento. Se levarmos em conta a amplidão da renovação iniciada pelo concílio, deveremos reconhecer que seu período deve ser ainda estendido.

Por outro lado, é preciso reconhecer que o ritmo acelerado em que vivemos tende a ofuscar a visão deste grande sinal que é o Vaticano II e a reduzi-lo a mero fato veiculado pelos jornais, pela TV e pela internet e, por esses mesmos veículos, ser sepultado no passado distante. Por isso, é importante a comemoração dos 50 anos do concílio. Importante também é realizar congressos e simpósios de teologia, como o promovido pelo Centro Universitário Salesiano de São Paulo (Unisal), que refletiu sobre o concílio na dupla perspectiva da memória e da esperança. Um simpósio como este é uma boa oportunidade para uma parada no ritmo acelerado em que vivemos, a fim de podermos refletir sobre os resultados obtidos e sobre as iniciativas que ainda devem ser implementadas.

A celebração dos 50 anos do Concílio não deve ser simplesmente uma celebração retrospectiva, mas prospectiva. Ou seja, deve olhar o concílio como ponto de partida. O concílio nos abre para o futuro: enquanto ele nos abrir para ele, o Vaticano II continuará atual e válido. Quando cessar sua força de apontar para o futuro e para a esperança, é sinal de que chegou o momento de convocar outro concílio.

Celebrar os 50 anos do concílio não deve se reduzir a uma descrição neutra das suas realizações e dos seus resultados. A memória não é um *hard disk* que salva os eventos e as peripécias destes 50 anos de renovação conciliar, pois a memória virtual não tem a capacidade de fazer um balanço, de operar uma avaliação crítica da obra conciliar, de sublinhar os seus desenvolvimentos positivos, mas também de apontar omissões, ambiguidades, limites e unilateralismos. A memória não consiste em armazenar informações em *terabytes*, mas, sim, em nós mesmos. Somos nós mesmos os protagonistas do que foi feito de bom e de mau em relação ao concílio. Por isso, fazer a memória do concílio significa também agradecer a Deus o dom do concílio e reconhecer os bons e preciosos frutos que ele nos deu. Significa também tomar consciência humilde dos exageros, dos radicalismos, das rupturas erradas em que nós caímos, para aprender a não repeti-los.

Posso confessar que me sinto pessoalmente envolvido nesse exame crítico. Nasci em 1962, depois de um mês que o Concílio tinha sido inaugurado. Vivi minha adolescência e juventude sob o signo da renovação, do desejo de mudança, da efervescência da contestação e da revolução. Nem percebi que perto de mim outros mais velhos viveram as mudanças como uma grande dilaceração interior. Um deles me escreveu que a impressão era a de ter deixado a tranquilidade do porto para ser lançado em alto-mar para o meio da tempestade.

3 Conversão, irrenunciável princípio da esperada mudança

Memória e esperança, história e profecia, passado e futuro, balanço e projeto. Esta é a dupla perspectiva das comemorações dos 50 anos do Vaticano II. Gostaria de incentivar os leitores a um contato direto com os textos conciliares. A comemoração que começa neste ano é uma oportunidade para reler os textos e colher a sua unidade de base, para descobrir e redescobrir coisas que passaram despercebidas. O contato direto com os textos é necessário para que possamos perceber que as mudanças se fundam na metanoia – conversão que é o objetivo mais desejado pelo concílio.

O contato direto com os textos é necessário também para que possamos notar os desenvolvimentos que estavam em germe nos mesmos textos, mas que adquirem novo significado e urgência sob o impacto dos acontecimentos e dos fenômenos recentes. A globalização, as novas tecnologias de comunicação, as questões de bioética, o tráfico e o consumo de drogas, a urbanização, a vida do planeta e a responsabilidade pela ecologia, são temas muito novos, mas que se encontram escondidos nos textos conciliares.

O contato direto com os textos, porém, não servirá para nada, se eles permanecerem como letra morta, sem o Espírito que anima e abre nossa inteligência e nosso coração para entendê-los e aceitá-los.

Consideração final

O Concílio Vaticano II pode ser celebrado apenas como um evento histórico do passado. Por outro lado, pode ser a oportunidade de receber de novo o sopro do Espírito que renova a terra e que revivifica a Igreja.

Diante de nós estão a morte e a vida. Deus deseja que escolhamos a vida. Que o concílio, apresentando Cristo como Vida e a Igreja como sacramento de salvação, ajude a nós e ao mundo a escolher a Vida.

PARTE II

VATICANO II, HISTÓRIA, TRADIÇÃO E RENOVAÇÃO

Vaticano II, preparação e discussões antes da abertura do concílio

Ney de Souza*

Em outubro de 1958 faleceu o Papa Pio XII, depois de uma longa enfermidade. O conclave, que se reuniu no mesmo mês, elegeu o patriarca de Veneza, Cardeal Ângelo Giuseppe Roncalli. O novo papa adotou o nome de João XXIII (1958-1963). Sua eleição foi recebida com grande surpresa. Era para o grande público um desconhecido. Sua eleição parecia ser mais uma daquelas de simples transição, o cardeal era idoso, 77 anos. Não se havia destacado nos outros encargos, como núncio na Bulgária e na França, nem em outro campo eclesiástico. Havia certa decepção com o nome anunciado depois da eleição. Podiam-se esperar dele, neste contexto, a abertura e compreensão das necessidades do mundo moderno? Até fisicamente se diferenciava do seu antecessor, pois era de corporalidade volumosa e pequena estatura.

Logo vieram as surpresas, não só pela sua "jovialidade" e simpatia, muito diferente de Pio XII, mas por seu projeto:

---

* Ney de Souza tem pós-doutorado em Teologia (Pontifícia Universidade Católica do Rio de Janeiro), é doutor em História Eclesiástica (Pontificia Università Gregoriana de Roma), professor titular da Pontifícia Universidade Católica de São Paulo e do UNISAL – Centro Universitário Salesiano de São Paulo – *Campus* Pio XI; http://lattes.cnpq.br/0397538756739675.

convocar um concílio. Três meses depois de ocupar a Cátedra de São Pedro, em janeiro de 1959, após uma oração pela unidade de todos os cristãos, na Basílica São Paulo Fora dos Muros, revelou sua intenção de iniciar durante o seu pontificado uma ampla reforma da Igreja, através de um Concílio Ecumênico.

O estudo a seguir apresentará uma visão sintética da preparação ao Concílio Vaticano II: a consulta preliminar, as comissões preparatórias. Estes eventos são de grande importância para se compreenderem as discussões durante os quatro períodos do concílio (1962-1965) e os desdobramentos no pós-concílio.

1 A consulta preliminar

Depois do inesperado anúncio do concílio, o Papa João XXIII enfrentou os problemas iniciais no que se refere à sua preparação.[1] Em diversas ocasiões João XXIII afirmou que a ideia de um concílio nascia de uma inspiração do Espírito Santo.[2] Depois de cinco dias de eleito, o papa havia comunicado a ideia ao cardeal Rufini.[3] Este já havia tratado desse

---

[1] ALBERIGO, Giuseppe (org.). *Historia do Concilio Vaticano II (1959-1965)*. O catolicismo rumo à nova era. O anúncio e a preparação do Vaticano II (janeiro de 1959 a outubro de 1962). v. 1. Petrópolis: Vozes, 1995.

[2] Cf. Discurso do dia 9 de agosto de 1959 no *Osservatore Romano* de 10-11 de agosto de 1959; Giovanni XXIII. *Giornale dell'anima*. Organizado por Loris F. Capovilla, Roma: Edizioni di Storia e Letteratura, 1964, pp. 330-331. Sobre o interesse anterior de João XXIII em convocar um Concílio, confira: FOGLIASSO, Emilio. *Il Concilio ecumênico Vaticano II nella vita Del Santo Padre Giovanni XXIII*. Roma: Liberia Ateneo Salesiano, 1962; ALBERIGO, Giuseppe. L'ispirazione di un Concilio ecumênico: le esperienze del cardinale Roncalli. In: *Atti del colloquio École Française di Roma*. Le deuxième concile du Vatican (1959-1965). Roma: Ecole française de Rome, 1989; Paris: Diffusion de Boccard, 1989, pp. 81-99.

[3] *Acta et documenta Concilio Oecumenico Vaticano II apparando*, Series I, *Antepraeparatoria*. Cura et studio: Secretariae Pontificae

assunto durante o conclave que elegeu João XXIII, com o cardeal Ottaviani. O cardeal secretário de Estado, Domenico Tardini,[4] depois de sua audiência com o papa em 20 de janeiro de 1959, resumia o conteúdo deste encontro: João XXIII estava pensando em inserir três metas em seu pontificado: 1) um sínodo romano, 2) um *aggiornamento* do código de direito canônico, 3) um concílio ecumênico.[5] Estas metas foram anunciadas aos 17 cardeais presentes no domingo, em 25 de janeiro de 1959, na sacristia da Basílica de São Paulo Fora dos Muros, em Roma.[6] O cardeal Tardini posteriormente explicará a jornalistas e estrangeiros o futuro concílio.

Num clima repleto de espera e esperança, mas também de perplexidade e incertezas, seja na Igreja latina, seja no mundo cristão[7] e, em geral, na opinião pública, o perito do concílio, frade dominicano, brasileiro Romeu Dale, faz uma interessante análise da Igreja do período pré-conciliar.[8] Após o anúncio realizado, os cardeais reagiram com um impressionante e devoto silêncio. Os demais cardeais, 57, receberam essas informações através do secretário de Estado, e apenas 1/3 reagiu ao discurso.[9] Cardeais como

---

Commisionis Centralis Praeparatoriae Vaticani II. Città dela Vaticano 1960-1961, I, p. 124.

[4] O II Concílio Ecumênico Vaticano. *REB 20* (1960) 94-96.

[5] NICOLINI, Giulio. *Il Cardinale D. Tardini*. Padova: Messagero, 1980, p. 187.

[6] *Acta Apostolicae Sedis (AAS)* LI (1959), pp. 65-69. Uma análise sobre este discurso: MELLONI, Alberto. Questa festiva ricorrenza (25 gennaio 1959). Prodomi e preparazioni del discorso di annuncio del Vaticano II. *Rivista di storia e letteratura religiosa* XXVIII (1992) 607-643.

[7] BOYER, Charles. O próximo concílio ecumênico, os ortodoxos e os protestantes. *REB 20* (1960) 648-656. Este texto foi publicado na *Documentation Catholique* n. 1329 (05.06.1960).

[8] DALE, Romeu. A Igreja católica às vésperas do Concílio. *REB 21* (1961) 593-600. Análise importante sobre o laicato no período: KOSER, Constantino. A situação do laicato nos albores do Vaticano II. *REB 22* (1962) 886-904.

[9] *Acta et documenta, Series I*, pp. 109-149.

Lercaro (Bolonha) e Montini (Milão), futuro Paulo VI, ficaram bastante desconcertados.[10] Lercaro afirmou que era uma imprudência e inexperiência a convocação de um concílio. Montini, num primeiro momento, havia dito que o papa estava colocando a mão num vespeiro. Num segundo momento comunicou aos seus diocesanos que este era um grande acontecimento que poderia trazer muitos frutos.

Elaborou-se uma proposta de constituir uma *comissão* com uma secretaria que, antes de tudo, enviasse um questionário para a consulta dos bispos.[11] No início se pensou em elencar uma série de perguntas, mas depois se deixou plena liberdade para o envio de sugestões. O risco da dispersão foi compensado pela vantagem de se conhecer o pensamento dos futuros padres conciliares. Sua finalidade poderia ser constatada em algumas partes específicas que foram elencadas: relações com os irmãos separados, o apostolado sacerdotal, as missões, os problemas de ordem moral e a doutrina social da Igreja.

Uma primeira hipótese de trabalho fixava como membros das comissões os secretários e assessores da Cúria Romana. A presidência das comissões[12] foi confiada ao secretário do Santo Ofício, Cardeal Alfredo Ottaviani.

Com o quadro anterior, a centralização ficava nas mãos do Santo Ofício, o que já havia sido constatado com uma sondagem do Papa Pio XII, em vistas de uma possível convocação conciliar.[13] João XXIII, por sua vez, decidiu de outra maneira, confiou à presidência das comissões ao secretá-

---

[10] Cf. DREYFUS. Paul. *Jean XXIII*. Paris, 1979, p. 205. FAPPANI, Antonio; MOLINARI, Franco. *G. B. Montini giovane*. Torino: Marietti, 1979, p. 171. MONTINI. Giovanni Battista. Discorsi scritti sul Concilio 1959-1963. *Quaderni dell'Istituto Paolo VI 3* (1983) 15-16.

[11] *L'Osservatore Romano* 6 de marzo 1966, p. 21.

[12] FOUILLOUX, Étienne. Théologiens romains et Vatican II (1959-1962). *Cristianesimo nella storia 15* (1994) 373-394.

[13] CAPRILE, Giovanni. Pio XII e un nuovo progetto di concilio ecumenico. *La Civiltà Cattolica 177* (1966/3) 209-227.

rio de Estado, Domenico Tardini, e o secretário foi Mons. Pericle Felice, prelado da Sacra Romana Rota. Interessante é o fato narrado pelo Cardeal Confaloniere. Quando João XXIII anunciou aos cardeais seu desejo de convocar um concílio na Basílica São Paulo, o Cardeal Canali lhe perguntou se a presidência das comissões seria do Santo Ofício. O papa respondeu: "O presidente do concílio é o papa".[14]

Em seguida à nomeação, foram elencadas as suas tarefas: recolher as propostas do episcopado, dos dicastérios da Santa Sé, das faculdades de teologia e direito canônico, traçar as linhas gerais dos argumentos a serem tratados no concílio, sugerir a composição dos diversos organismos destinados a cuidar da preparação dos trabalhos.[15]

A primeira iniciativa da comissão foi redigir um questionário e enviar às pessoas e entidades antes mencionadas para que pudessem comunicar sua opinião. O documento constava de cinco parágrafos e os títulos revelavam como era o desejo para a futura assembleia.

As respostas à consulta foram chegando, muitas com grande atraso. Foram 2.109 respostas. Eram 2.594 bispos, 62 faculdades e 156 superiores de ordens e institutos religiosos, todos incluídos na consulta. O material era vasto e de extrema variedade. A comissão antepreparatória o recolheu em volumes e o sintetizou em fichas, foram 8.972, publicadas no *Analyticus conspectus consiliorum et votorum quae ab episcopis et praelatis data sunt*.[16] O II volume está divi-

---

[14] *Acta et Documenta, Series I*, vol. I, 22-23. Confira ainda: Vincenzo, Carbone. *Il Concilio Vaticano II: preparazione della Chiesa al terzo millennio*. Città del Vaticano: L'Osservatore Romano, 1998, p. 17; CONFALONIERE, V. Momenti romani. Roma, 1979, 86; ALBERIGO, Giuseppe. Storia dei concili ecumenici, p. 402; MINNERATH, Roland. *Histoire des Conciles*. Paris: Presses Universitaires de France, 1996, p. 103.

[15] *Acta et Documenta, Series I*, pp. 22-23.

[16] Se trata da *Acta et documenta Concilio Oecumenico Vaticano II apparando. Serie I (Antepraeparatoria)* editada nos anos 1960-1961: Le conspectus manquait substantiellement de precision et de fiabilité,

dido em 8 partes, nas 7 primeiras partes estão as respostas dos bispos das diversas partes do mundo e, na oitava, as respostas dos superiores gerais dos religiosos; o III volume contém *Proposita et monita Sacrarum Congregationum Curiae Romanae*; o IV volume contém *Studia et vota Universitatum et Facultatum Ecclesiasticarum et Catholicarum*, com uma primeira parte, dividida em dois tomos, relativa às universidades e faculdades romanas, sendo a segunda parte reservada ao restante do mundo. Em dois apêndices do II volume foi publicado o *Analyticus conspectus*. Como toda tentativa de sintetizar grande quantidade de materiais é sempre parcial, deve-se utilizar este último com cautela.

A quantidade de textos[17] trouxe à luz o pensamento dominante na Igreja pré-conciliar. A insistência sobre problemas canônicos e administrativos, a preocupação com a salvaguarda da doutrina tradicional. Com a fragmentariedade das propostas, é impossível apresentar um conjunto único.[18] O Cardeal Suenens, um dos protagonistas do concílio, afirmava de maneira severa que a impressão que se dava, folheando esses textos, era de que as esperanças de reforma giravam somente ao redor da ordem canônica e litúrgica e que o vento inovador de Pentecostes não era sentido ali.[19] Por outro lado, aparecem sugestões bastante oportunas: a reforma da Cúria Romana, proveniente de diversas partes; as notas eclesiológicas, de maneira especial sobre a colegiali-

---

dès lors qu'on verifiait sés données avec lês réponses individuelles. *Revue d'Histoire de l'Èglise de France* 76 (1990) 91.

[17] LABOA, Juan María. Los obispos españoles ante el Vaticano II. *Miscellanea Comillas* 44 (1986) 45-68; BELAIT, M. Christianity and Churches on the eve of Vatican II. *Cristianesimo nella Storia 12* (1991) 165-175.

[18] MARTINA, G. Il contesto storico in cui è nata l'idea di un nuovo concilio ecumenico. In: LATOURELLE, René. *Vaticano II*: bilancio e prospettive venticinque anni dopo (1962-1987). Assisi: Citadella, 1987, p. 29.

[19] SUENENS, Léon Joseph. *Ricordi e speranze*. Cinisello Balsamo: Paoline, 1993, p. 65.

dade episcopal, as sugestões dos bispos da América do Norte para se tratar o tema da liberdade de consciência, a solicitude ecumênica dos bispos orientais e alguma abertura no campo do *aggiornamento* da Igreja.[20] Importante a sugestão do bispo brasileiro Helder Câmara: tratar a questão social.

2 As comissões preparatórias e o secretariado para a unidade dos cristãos

No dia de Pentecostes de 1960, o *motu proprio Superno Dei nutu*[21] dava ao concílio o nome de Vaticano II e instituía 10 comissões[22] e 2 secretariados. As 10 comissões: 1) teológica, 2) administração das dioceses, 3) clero e povo, 4) sacramentos, 5) liturgia, 6) estudos eclesiásticos, 7) ordens, 8) Igrejas orientais, 9) missões, 10) apostolado dos leigos e os Secretariados para os Meios de Comunicação Social e o Secretariado para a Unidade dos Cristãos.[23]

O Secretariado para a Unidade dos Cristãos trazia uma contribuição para agilizar a participação de personagens que estavam fora dos *muros* do Vaticano. O secretariado e todo o desenvolvimento de suas atividades foram possíveis graças à iniciativa do jesuíta Agostino Bea,[24] reitor do Ponti-

---

[20] JACOBS, J. Y. M. A. L'aggiornamento est mis en relief. Les vota des èveques nèerlandais pour Vatican II. *Cristianesimo nella Storia 12* (1991) 323-340; VAUCHEZ, André et alii. *Histoire du* Christianisme: crises et renouveau (de 1958 à nos jours). Paris: Desclèe, 2000.

[21] *AAS 52* (1960) 433-437; *Acta et documenta Concilio Oecumenico Vaticani II. Series antepraeparatoria*, pp. 93-96.

[22] CARBONE, Vicenzo. Il cardinale Domenico Tardini e la preparazione del Concilio Vaticano II. *Rivista di storia della Chiesa in Italia XLV* (1991) 72-80.

[23] SCHMIDT, Stjepan. Giovanni XXIII e il Segretariato per l'unione dei cristiani. *Cristianesimo nella storia VIII* (1987) 95-117.

[24] BEA, Agostino. O Concílio e a união à luz da fé. *REB 22* (1962) 676-682.

fício Instituto Bíblico de Roma, nomeado cardeal em 28 de janeiro de 1960, e do arcebispo de Paderborn, Lorenz Jaeger.[25] O projeto de formar um organismo *pro motione oecumenica* ou *pro unitate christianorum* encontrou aprovação sem reservas do Papa João XXIII, sendo um novo sinal do céu.[26]

Com a finalidade de acompanhar e coordenar o trabalho das comissões preparatórias, foi constituída uma *comissão central*, presidida pelo papa. Seus membros, além do papa, eram os presidentes das 10 comissões, algum outro cardeal, bispos e conselheiros selecionados com a supervisão do papa.[27] A Comissão Central foi constituída em 16 de junho de 1960, e era uma grande novidade para a história da Igreja, sobretudo em relação ao Vaticano I. Suas reuniões eram um verdadeiro concílio em miniatura. Nestas sessões havia mais padres do que nas sessões do Concílio de Trento. O tema da primeira reunião foi a organização do concílio: a) quem seria membro do concílio; b) o papel que deveria ser designado aos peritos, teólogos e canonistas; c) a sistematização da *aula* conciliar; d) o tipo de votação; e) a língua a ser usada (desde o início havia o desejo, especialmente nos Estados Unidos, pedindo a renúncia do uso exclusivo do latim ou que se fizesse tradução simultânea: a proposta foi rejeitada).

No dia 14 de novembro de 1960, a fase preparatória teve seu início com um discurso pronunciado pelo papa na Basílica de São Pedro. No final de 1961, o número de pessoas

---

[25] Uma biografia de 14 protagonistas do Concílio se encontra em: FLICHE, Augustin; MARTIN, Victor. *Storia della Chiesa*. v. XXV/1. Milano: San Paolo, 1994, pp. 394-515.

[26] SCHMIDT, Stjepan. Il cardinale Bea: sua preparazione alla missione ecumenica (nel decimo anniversario della morte). *Archivum historiae pontificiae* 16 (1978) 312-333.

[27] Os documentos pontifícios, os atos da comissão central e os textos elaborados pelas comissões preparatórias e pelos secretariados estão publicados em *Acta et documenta. Series II* (3 v. em 7 tomos). Città del Vaticano 1965-1988.

que trabalhavam na preparação do Concílio chegava a 846. A maioria dos postos-chave eram ocupados por membros da Cúria Romana e por professores das universidades romanas. A composição das comissões era internacional, mas com cerca de 80% de europeus. Antes de publicar o nome dos convocados para trabalhar nas comissões, pedia-se ao Santo Oficio para verificar se não existia nada em contrário em relação ao *futuro* membro da comissão.

A presença internacional era assim composta: 53 asiáticos, 17 africanos, 87 da América do Norte, 64 da América Central e Sul e 11 da Oceania. As Igrejas orientais participavam com 48 membros, entre patriarcas, bispos, sacerdotes e religiosos.[28]

Com a atualização do número destes participantes, realizada em 1961, ficam assim configuradas as comissões: a Comissão Central contava com 92 membros (sendo 49 cardeais, 5 patriarcas e 4 superiores religiosos) e 28 consultores (1 patriarca, 8 arcebispos, 13 padres e 6 religiosos). As 10 comissões preparatórias e os dois secretariados contavam com 299 membros e 280 consultores.

Em novembro de 1961, com os novos componentes das comissões, o resultado era este: 79 países representados, 174 italianos (1/4), 82 franceses, 70 norte-americanos, 60 alemães, 45 espanhóis, 38 belgas (o país mais bem representado em relação à demografia populacional), 22 holandeses, 43 asiáticos (destes 10 eram libaneses), 14 africanos (12 destes eram de origem europeia, mas residiam na África), 48 latino-americanos e 7 australianos. As Igrejas orientais unidas a Roma eram bem representadas: 48 patriarcas, bispos, padres e religiosos provenientes de 22 grupos étnicos diferentes.

Eram cerca de 300 bispos, 146 professores e 11 reitores de universidades, 44 responsáveis de instituições, 17 diretores

---

[28] INDELICATO, Antonino. La preparazione del Vaticano II. *Cristianesimo nella Storia 8* (1987) 119-123.

de revistas ou de jornais, 353 religiosos (entre estes uns 60 cardeais e bispos), que pertenciam a 70 ordens e congregações (na maioria eram jesuítas e dominicanos). O mais interessante e revelador foi que nessas comissões não figuravam um grande número de leigos, nem mesmo na comissão para o apostolado dos leigos. Outra ausência gritante está relacionada à pouca presença de mulheres mesmo na comissão para religiosos e religiosas.[29]

3 O trabalho das comissões preparatórias

As comissões realizavam seu trabalho, que consistia na elaboração de textos a serem submetidos à aprovação do concílio. As redações consistiam em milhares de argumentos, fragmentados e, muitas vezes, sem importância.[30] A *Revista Eclesiástica Brasileira*, através da organização de Boaventura Klopenburg, publicou o elenco completo (em português), em ordem sistemática, dos projetos preparados para o Vaticano II. Prevalecia a orientação dos ensinamentos doutrinais e disciplinares dos últimos pontífices, especialmente de Pio XII.[31]

Os textos preparados por estas comissões eram chamados de esquemas.[32] Estes esquemas, em número de 70,

---

[29] FLICHE, Augustin; MARTIN, Victor. *Storia della Chiesa*. v. XXV/1, pp. 142-144; *Documentation catholique* 1352, col. 668.

[30] *REB* 22 3 (1962) 660-661. Ainda a Revista publicou uma crônica dos trabalhos pré-conciliares: 22 (1962) 649-659.

[31] ALBERIGO, Giuseppe. *Storia dei concilii ecumenici*. Brescia: Queriniana, 1991, 403. ID. Le concile Vaticano II. Perspectives de recherche. *RHE* 97 (2002/2) 562-573. AUBERT, J. Bruls R. (dir.). *Nuova Storia della Chiesa*. v. V/2. Torino: Marietti, 1979, p. 305; FOUILLOUX, Étienne. *Théologiens romains et Vatican II (1959-1962)*. *Cristianesimo nella Storia* 15 (1994) 373-394.

[32] *Acta et documenta Concilio Oecumenico Vaticani II. Series praeparatoria*. III/1-2.

foram reunidos em 119 opúsculos, num total de mais de 1.050 páginas.[33] Em período conciliar, chamam-se esquemas de decretos e de cânones os textos que são distribuídos aos padres em tempo útil para que possam ser discutidos e eventualmente emendados. O processo dos exames era o seguinte: 1) cada esquema a ser discutido era apresentado à Congregação Geral por um relator designado pelo presidente da comissão interessada; 2) cada um dos padres que pretendesse intervir para aprovar ou rejeitar, ou emendar o texto, apresentava o pedido ao secretário-geral, e, chegada a sua vez, expunha os motivos da sua intervenção, entregando, depois, por escrito, as eventuais emendas propostas. Aos padres era feito pedido de não ultrapassarem os dez minutos na explicação do seu pensamento; 3) a Congregação Geral, após a réplica do relator, exprimia seu voto sobres as propostas de emendas, julgando se deveriam ser rejeitadas ou, ao contrário, inseridas no esquema; 4) se as emendas fossem aceitas, o relator, depois que o texto voltasse à comissão conciliar, deveria reapresentar a nova formulação ao julgamento da Congregação Geral; 5) se o esquema emendado ainda não fosse aprovado, em algumas de suas partes, pela Congregação Geral, deveria repetir-se o mesmo trâmite, para seu ulterior aperfeiçoamento.

4 Regulamento do concílio

O regulamento conciliar era o que se poderia chamar o código do concílio. Estabelecia as normas para o desenvolvimento do Concílio Vaticano II. Compunha-se de três partes, subdivididas em 24 capítulos e 70 artigos. A primeira trata das pessoas que participam do concílio ou prestam o seu concurso para o desenvolvimento dele. A segunda parte fixava as regras a serem observadas durante o concílio; a terceira

---

[33] CARBONE, Vicenzo. Genesi e criteri della pubblicazione degli atti del Concilio Vaticano II. *Lateranum 44* (1978) 587-590.

indicava o modo de proceder aos trabalhos. O regulamento foi tornado público em 5 de setembro de 1962.[34] E aprovado no dia 6 de agosto de 1962 através do *motu proprio Approprinquante Concilio*. Regia diferentemente do Vaticano I, salvo disposições em contrário do pontífice, sendo que a maioria dos 2/3 dos sufrágios era requerida não só para o voto no âmbito das congregações gerais, mas também no interno das comissões conciliares. No Vaticano I bastava a maioria absoluta. A modificação foi introduzida para que os textos não fossem aprovados somente por uma maioria europeia. Nos primeiros concílios da Igreja não tinha havido regulamento, e procedia-se um pouco conforme os casos. Antes da abertura de Constança (1414), os teólogos pediram ao papa dignar-se de fixar algumas normas para melhor prosseguir os trabalhos. O Concílio de Trento (1545-1563) abriu-se sem normas especiais.

Em um ano e meio, 10 comissões e os 2 secretariados prepararam 75 projetos, de valor desigual, sem perspectivas de futuro: as transformações culturais da sociedade ocidental, os graves problemas sociais da América Latina e as consequências produzidas pela descolonização sobre a Igreja asiática e africana eram praticamente ignorados, enquanto predominavam a preocupação de salvaguardar o centralismo romano e de reagir contra tudo o que pudesse lembrar um renascimento do modernismo. A comissão central iria rever todos esses esquemas. O concílio não iria somente ratificar, mas, tomando pulso da situação, iria traçar um perfil diferenciado da Igreja diante do mundo moderno.

Outra importante atividade de preparação ao concílio foi a sondagem de opinião entre o episcopado mundial.

---

[34] Cf. *Acta et documenta Concilii oecumenici Vaticani II. Series praeparatoria*. I, pp. 306-325. Sobre o *Ordo Concilii Oecumenici Vaticani II celebrandi*, confira: ZAMBARBIERI, Annibale. *I Concili del Vaticano*. San Paolo: Milano, 1995, pp. 183-186. Uma publicação do texto original do Regulamento e do *motu proprio* se encontram em *REB* 22 (1962) 991-1004.

Pediu-se a todos os bispos e às universidades católicas que elaborassem listas de assuntos que, em sua opinião, deveriam ser tratados. A intenção do papa era clara, a assembleia conciliar não poderia limitar-se a certo número de assuntos, previamente selecionados por Roma. A oportunidade foi aproveitada, chegando mais de duas mil respostas a Roma.

Comissões preparatórias

São 10 comissões e 2 secretariados.

COMISSÕES PREPARATÓRIAS DO CONCÍLIO VATICANO II	
Comissões	*Presidentes*
Teológica	Cardeal Alfredo Ottaviani (secretário do Santo Ofício)
Bispos e governo das dioceses	Cardeal Paolo Marella (arcipreste da Basílica Vaticana e já núncio em Paris)
Disciplina do clero e do povo cristão	Cardeal Pietro Ciriaci (prefeito da Sagrada Congregação do Concílio)
Religiosos	Cardeal Valério Valeri (prefeito da Sagrada Congregação dos Religiosos)
Disciplina dos Sacramentos	Cardeal Benedetto Aloisi Masella (bispo de Palestrina, prefeito da Sagrada Congregação da Disciplina dos Sacramentos, ex-núncio apostólico no Brasil)
Liturgia	Cardeal Gaetano Cicognani (até 05.02.1962) Cardeal Larraona (prefeito da Sagrada Congregação dos Ritos)
Estudos e seminários	Cardeal Giuseppe Pizzardo (bispo de Albano e Prefeito da Sagrada Congregação dos Seminários e das Universidades)
Missões	Cardeal Gregório Pedro Agagianian (patriarca de Cilícia, Armênia, prefeito da Sagrada Congregação da *Propaganda Fide*)

Apostolado dos leigos	Cardeal Fernando Cento (ex-bispo de Aireale, antes de ser núncio em Bruxelas e Lisboa)
Secretariado da Imprensa e do espetáculo	Cardeal João Martinho O'Connor (arcebispo Laodiceia, Síria)
Secretariado para a União dos Cristãos	Cardeal Agostinho Bea, sj (reitor do Pontifício Instituto Bíblico)

Os papas do concílio: João XXIII e Paulo VI

Edgar da Silva Gomes*

Atrás dos muros do Vaticano, o tempo parece estar parado. À sombra da Basílica de São Pedro, a vida segue com ritmo e aparência de dois mil anos atrás. O chefe da Igreja Católica, vigário de Jesus Cristo, servo dos servidores de Deus e regente absoluto, o papa, governa esse reino em um espaço de cinquenta metros quadrados. Não deve responder a nenhuma autoridade terrena, mas unicamente a Deus e a sua própria consciência.[1]

O tema Concílio Vaticano II é difícil e fascinante. O período que envolve seu anúncio no dia 25 de dezembro de 1961, com a bula *Humanae salutis*, do Papa João XXIII, até seu encerramento com a homília do Papa Paulo VI, no dia 8 de dezembro de 1965, na solenidade da Imaculada Conceição, provocou um turbilhão de emoções entre os artífices das importantes mudanças que ocorreriam na vida da Igreja. Dúvidas e expectativas também atingiram os fiéis do catolicismo, e por que não colocar nesta conta os críticos dessa bimilenar instituição, que acompanharam

---

* Edgar da Silva Gomes é doutor em História Social pela Pontifícia Universidade Católica de São Paulo (PUC-SP) e professor de História do Cristianismo no COGEAE da PUC-SP, coordenador dos cursos de especialização *lato sensu*: Cristianismo Patrístico-Medieval e Gestão de Patrimônio e Cultura do Centro Universitário Assunção (UNIFAI – São Paulo; http://lattes.cnpq.br/5833747198224065.

[1] KNOPP, Guido. *Vaticano e Pontefici*. Milano: Hobby e Work, 2005, p. 7.

os trabalhos das comissões que elaboravam o concílio. Para contribuir com as reflexões sobre esse importante evento na vida da Igreja, quase cinquenta anos após a finalização dos trabalhos conciliares, que deram início ao sonhado *aggiornamento* proposto pelo Papa João XXIII e levado adiante pelo seu sucessor Paulo VI, proponho neste texto um breve caminhar pela história de vida desses papas, que souberam fazer uma leitura precisa do contexto histórico para propor a tão necessária atualização da Igreja Católica.

1 Contexto político-econômico pré-Concílio Vaticano II

Os papas do concílio, João XXIII e Paulo VI, estavam imersos em um cenário multicultural dividido politicamente entre duas grandes potências políticas: Estados Unidos e União Soviética, detentoras de grande arsenal nuclear e poder econômico e que colocaram o mundo sob a tensão de um iminente fim dos tempos... Apesar da divisão político-geográfico imposta pela Guerra Fria, Estados Unidos e União Soviética procuraram influenciar o maior número de seguidores para além desse teórico marco geográfico. Através do poderio econômico e da coerção militar, conseguiram a adesão de "estados satélites", ou seja, países que permaneciam "sob a proteção" dos dois guardiões da política e da economia mundial, como nas antigas conversões católicas com os soberanos medievais, ou dos príncipes alemães da reforma, em que os súditos deveriam seguir a ideologia imposta por seu "protetor".

Em qualquer manual de história geral sobre o século XX, podemos encontrar uma definição convencional de como a economia e a política estavam polarizadas entre as duas grandes potências que emergiram do pós-guerra: Estados Unidos e União Soviética. Adveio dessa polarização ideológica uma acirrada disputa pelo maior número de aliados, marcando um longo período que ficou conhecido como Guerra Fria.

Os Estados Unidos acreditavam estar defendendo a "democracia" e, nessa esteira, todo o seu arcabouço ideológico capitalista, impondo a seus aliados uma ditadura capitalista aviltante, contra os países capitaneados pela União Soviética representante da ideologia comunista-marxista, contrária ao ideal americano, e grande parte do mundo ocidental. Na Igreja, segundo Anna Carletti: "um novo cenário se configurou diante da Santa Sé, o nazismo e o fascismo [...] não existiam mais, enquanto o inimigo da Santa Sé estava entre os vencedores, o poder comunista aos olhos do Vaticano ameaçava avançar [...]".[2]

Para o Papa Pio XII esse era um cenário aterrador, o catolicismo sempre foi inimigo visceral das teorias materialistas e comunistas ateias. Automaticamente, o aliado unívoco da Santa Sé, em sua cruzada anticomunista, passou a ser os Estados Unidos, que também viam com simpatia esta aliança, pelo alcance e penetração do catolicismo, nesse contexto, em países com relação aos quais tinham interesses estratégicos, a fim de evitar o avanço dos soviéticos, principalmente na América Latina, região em disputa pelas duas grandes potências, para disseminarem sua ideologia. Era a busca pela hegemonia política para enfraquecer o oponente. A Guerra Fria e seus desdobramentos causaram inúmeros males aos aliados políticos de ambos os lados, e pode-se dizer que ainda hoje alguns dos denominados países satélites sofrem as consequências das disputas desse passado tão presente.

Segundo Blainey: "Na América do Sul, na década de 1960, muitos católicos transmitiam uma nova mensagem. Eles afirmavam que os pobres [...] estavam negligenciados pela Igreja [...] representavam um terreno fértil para os

---

[2] CARLETTI, Anna. *O internacionalismo do Vaticano e a nova ordem mundial*. Brasília: Fundação Alexandre de Gusmão, 2012, p. 120.

comunistas, mas também para os padres radicais".[3] Em sua visão simplista, Blainey fala da realidade latino-americana e do movimento apartidário e supradenominacional de teologia política, surgido nos anos 1950-1960 e sistematizado no livro *Teologia da Libertação* (1971) pelo padre peruano Gustavo Gutiérrez Merino – movimento contestatório alimentado pela nefasta política intervencionista americana na região.

O abandono sentido pelos católicos latino-americanos foi a consequência do alinhamento político da Santa Sé com os americanos, que também financiavam a "propaganda" vaticana contra o comunismo soviético. Segundo Giancarlo Zizola, "importantes fundos americanos afluíam nos caixas do Movimento Mundo Melhor, do Pe. Ricardo Lombardi e da Ação Católica, para fazer face ao comunismo".[4] A cruzada anticomunista era uma questão de honra para Pio XII e, em 13 de julho de 1949, ameaçou os católicos que aderissem ou propagassem o comunismo com a excomunhão por meio de um decreto da Congregação do Santo Ofício, fato que foi comemorado pelo governo americano. Carletti citou Grigulévch: "O governo americano deliciou-se com o decreto do Vaticano e o recompensou com uma forte soma de dinheiro que o Papa empregou durante o Ano Santo [...] e que viu a afluência de milhares de católicos do mundo inteiro na capital italiana".[5]

Mas esse volume de investimentos também sofreu resistência dentro da Cúria Romana, pois, segundo Carletti, Giovanni Battista Montini, futuro Papa Paulo VI, se opunha a esse alinhamento com os americanos. A consequência dessa resistência, por parte de Montini, foi ser visto com

---

[3] BLAINEY, Geoffrey. *Uma breve história do cristianismo*. São Paulo: Fundamento, 2012, pp. 315-317.

[4] ZIZOLA, Giancarlo. *Santità e potere*. Milano: Sperling e Kupfer, 2009, p. 10.

[5] CARLETTI, Anna. *O internacionalismo do Vaticano e a nova ordem mundial*, p. 123.

desconfiança pelos bispos e purpurados conservadores, o que provocou seu afastamento da Cúria e do cargo de sub-secretário de Estado, ganhando como prêmio de consolo a nomeação para arcebispo de Milão. O futuro Papa Paulo VI não foi elevado à púrpura cardinalícia por Pio XII, apesar de o papa ter um colégio cardinalício pouco numeroso, velho e conservador. Conforme seu gosto! Com João XXIII vieram a púrpura e a chance de se tornar seu sucessor. O que ocorreu alguns anos depois. Após a morte de Pio XII, Montini seria um dos nomes favoritos para sucedê-lo ao cargo máximo do catolicismo. Preterido poucos anos antes por sua até então postura política um tanto quanto liberal para os padrões de uma cúria conservadora e anticomunista, o jovem e bem articulado arcebispo de Milão não aguardou muito tempo para assumir o cargo de sumo pontífice.

Durante todo seu pontificado, Pio XII não foi amistoso nem procurou um diálogo com a União Soviética. Ele criticou o tratamento dispensado pelos governos comunistas ao catolicismo e tentou se aproximar da Polônia, mas sem sucesso. Chamou de "Igrejas do silêncio" o catolicismo sob o domínio dos comunistas. O que ficou registrado dessa relação foram as animosidades de ambas as partes e as condenações abertas do papa à ideologia comunista ateia. Pio XII também criticou os países imperialistas, como, por exemplo, na encíclica *Fidei Donum* (1957). De forma mais branda, foi contra a sociedade de consumo, segundo os valores da Doutrina Social da Igreja, onde os direitos dos homens estão acima dos bens materiais, e também desconfiava dos bispos americanos, produto do *american way of life*.

> Até os últimos anos, continuou sua campanha contra o comunismo, mantendo seu alinhamento com os EUA [...] porém, Pio XII, mantinha certa desconfiança. De fato, julgava perigosa também aquela *american way of life* que estava difundindo-se sempre mais na Europa, e desconfiava do protestantismo que, nos Estados Unidos, superava em número e influência o catolicismo. Os bispos

estadunidenses lhe pareciam progressistas demais, por isso, durante seu pontificado, mesmo aumentando o número de prelados americanos presentes na Cúria Romana, os lugares-chave do governo da Santa Sé permaneciam nas mãos de italianos.[6] (sic)

Pio XII foi um político sagaz no relacionamento com o governo italiano e um bom diplomata antes, durante e depois da Segunda Guerra. Pio XII deixou de herança para seus sucessores um catolicismo anticomunista e em ótima relação com a "democracia" americana.

> A Santa Sé, sob a liderança de Pio XII, que decidiu levar para a frente sozinho a política internacional da Santa Sé, influenciou não somente a política italiana, mas também participou do surgimento da principal instituição multilateral, a ONU. [...] Quando a ONU foi fundada, Pio XII enviou já em 1948 um observador oficial da Santa Sé junto à nova instituição. Em 1951, a Santa Sé entrou no conselho executivo do Alto Comissariado para os Refugiados. Em 1964, um Observador Permanente, Monsenhor Alberto Giovannetti, instalou-se em Nova York. Isso lhe permitiu aproximar-se das nações participantes da ONU. Em relação à Europa, o projeto de sua unificação era um ulterior ponto em comum entre a política internacional da Santa Sé e a política dos Estados Unidos. Após a II Guerra Mundial, Pio XII dedicou muito do seu tempo a trabalhar ardentemente a esse objetivo, estimulando os futuros protagonistas dos primeiros acordos europeus. [...] Pio XII trabalhou para a unidade europeia [...]. Por essa mesma razão, Pio XII devia acolher os financiamentos do Plano Marshall que visavam reforçar a Europa para constituir o bloco ocidental contra os soviéticos.[7] (sic)

---

[6] CARLETTI, Anna. *O internacionalismo do Vaticano e a nova ordem mundial*, p. 126.

[7] Ibid., pp. 123-124.

No entanto, seus sucessores imediatos, tanto João XXIII quanto Paulo VI, não comungaram com a postura radical contra o bloco soviético. Também tentaram fazer com que o catolicismo respirasse novos ares e procuraram abrir as janelas do Vaticano para tirar o mofo existente nos intramuros que se haviam fechado para o mundo, mais radicalmente, com Pio IX e as bulas *Quanta Cura* e *Syllabus*,[8] que condenavam os "erros da modernidade".

Assim, passamos a falar sobre os papas do Concílio Vaticano II e os novos ares que insistem em se chocar contra as baforadas de retorno a um passado político conservador e imperialista do catolicismo, "[...] que, segundo o julgamento [...] do jesuíta alemão Deschner, lhe daria a possibilidade de restabelecer um tipo de poder cristão-carolíngio [...]. O pontificado de Pio XII começou seu eclipse, acompanhando de certa forma, a decadência de uma Igreja que parecia não saber mais dialogar com o mundo contemporâneo".[9]

2 João XXIII: novos ares para a Igreja – "l'aggiornamento"

Não se brinca impunemente com a história! Quando uma instituição de idade vinte vezes secular, como é o caso da Igreja Católica, seguida por milhões de fiéis e respeitada até pelos seus inimigos e adversários, quando uma instituição como essa anuncia a sua doutrina, e mais, quando desenvolve uma vasta ação política em âmbito mundial para consolidar esses preceitos doutrinários, ela arrasta consigo forças incomensuráveis, provoca jogos de poder

---

[8] DOCUMENTOS DA IGREJA. *Documentos de Gregório XVI e Pio IX*. São Paulo: Paulus, 1999, p. 248-275.

[9] CARLETTI, Anna. *O internacionalismo do Vaticano e a nova ordem mundial*, p. 126.

e desencadeia envolvimentos que nem sempre pode controlar ou sequer prever os resultados.[10]

Durante o século XIX a Igreja Católica reage ao que considerava provocações do mundo moderno à moral e aos dogmas do catolicismo. Nesse bojo não havia distinção a nenhuma vertente político-intelectual: se sentiu afrontada, como, por exemplo, por Napoleão e seu abuso ao fazer cativo o Papa Pio VII, atacou também os intelectuais, como, por exemplo, Marx e Engels, ou seja, combateu e condenou, além da esquerda em todos os seus matizes, o capitalismo e suas teorias sociopolíticas. Somente na segunda metade do século XX é que esta política defensiva em relação ao mundo moderno foi distendida com as atitudes dos Papas João XXIII e Paulo VI, ao realizarem o Concílio Ecumênico Vaticano II.

João XXIII, um papa de transição, surpreendeu o mundo, primeiro por ter sido eleito, segundo por ter enfrentado o medo de abertura do catolicismo ao mundo e convocado um Concílio Ecumênico sob a ira da maioria dos purpurados da Cúria Romana. Quem foi este homem que revolucionou a Igreja na segunda metade do século XX? Através de seu ato de coragem, procurou tirar o mofo acumulado atrás dos muros do Vaticano por mais de um século e anunciou uma nova fase para o catolicismo, como sendo de alegria para a Igreja,

> alegra-se a Santa Mãe Igreja, porque, por singular dom da Providência divina, amanheceu o dia tão ansiosamente esperado em que solenemente se inaugura o Concílio Ecumênico Vaticano II, aqui, junto do túmulo de São Pedro, com a proteção da Santíssima Virgem, de quem celebramos hoje a dignidade de Mãe de Deus.[11]

---

[10] MANOEL, Ivan A. *O pêndulo da História: tempo e eternidade no pensamento católico (1800-1960)*. Maringá: UEM, 2004, p. 133.

[11] http://www.vatican.va/holy_father/john_xxiii/speeches/documents. Acesso em: 31 out. 2013.

Angelo Giuseppe Roncalli, o quarto de uma prole de quatorze filhos, nasceu no povoado de Sotto il Monte, na província de Bérgamo, Itália, no dia 25 de novembro de 1881, sendo de uma família pobre de camponeses. A formação religiosa, segundo o próprio Roncalli afirmava, deveu-se "ao seu tio Xavier, [...] a sua primeira e fundamental formação religiosa. O clima religioso da família e a fervorosa vida paroquial foram a primeira escola de vida cristã, que marcou a sua fisionomia espiritual".[12]

O jovem Roncalli estudou os dois primeiros anos de teologia no seminário de Bérgamo, sendo admitido no ano de 1896 na ordem franciscana secular, onde professou as regras em maio de 1897. Com uma bolsa de estudos que ganhou de sua diocese, foi aluno do Pontifício Seminário Romano, onde recebeu a ordenação sacerdotal em agosto de 1904, em Roma. No ano de 1905 foi nomeado secretário do bispo de Bérgamo, D. Giacomo Tedeschi, o que lhe possibilitou fazer inúmeras viagens, visitas pastorais e colaborar com múltiplas iniciativas apostólicas como sínodos, redação de boletim diocesano e obras sociais. Colaborou com o jornal católico da diocese de Bérgamo e foi assistente da Ação Católica Feminina. Foi como professor no seminário da mesma diocese que aprofundou seus estudos sobre três pregadores católicos: São Francisco de Sales, São Gregório Barbarigo (na ocasião beato, vindo depois a ser canonizado pelo próprio Roncalli, no ano de 1960) e São Carlos Borromeu, de quem publicou as atas das visitas realizadas na diocese de Bérgamo no ano de 1575. Após a morte do bispo de sua diocese, no ano de 1914, do qual foi secretário, o Pe. Roncalli prosseguiu seu ministério sacerdotal em sua diocese, onde pretendia permanecer.

No ano de 1915, o Pe. Roncalli foi à guerra defender seu país, pois, nos anos de seminarista em Roma, havia

---

[12] http://www.vatican.va/news_services/liturgy/saints/ns_lit_doc_20000903_john-xxiii_po.html. Acesso em: 31 out. 2013.

prestado um ano de serviço militar. O Pe. Roncalli foi convocado como sargento sanitário e nomeado capelão militar dos soldados feridos que regressavam da linha de combate, quando a Itália, após o Tratado de Londres de 26 de abril de 1915, renunciou ao acordo com a Tríplice Aliança, entrando na guerra.

A segunda fase da vida do Pe. Roncalli teve início no ano de 1921, com sua convocação pelo Papa Bento XV para integrar o Conselho das Obras Pontifícias para a Propagação da Fé, da qual foi presidente, função que o obrigou a percorrer inúmeras dioceses italianas organizando círculos missionários. Mas a fase romana e a vida aparentemente tranquila de presbítero não duraram por muito tempo. No papado de Pio XI, o padre do pequeno vilarejo de Sotto il Monte foi elevado ao episcopado no ano de 1925 e nomeado como Visitador Apostólico para a Bulgária. Segundo Deschner: "uma missão espinhosa, porque o rei de Sofia era ortodoxo, sua mulher, originária da casa de Savoia, católica, e católica também a educação dos seus filhos".[13]

Em 1934, Roncalli foi nomeado para a função de Delegado Apostólico na Turquia e na Grécia, e ao mesmo tempo administrador do Vicariato Apostólico de Istambul, onde se destacou no diálogo com os mulçumanos e os ortodoxos,

> [...] era um vasto campo de trabalho. A Igreja tinha uma presença ativa em muitos âmbitos da jovem república, que se estava a renovar e a organizar. Mons. Roncalli trabalhou com intensidade ao serviço dos católicos e destacou-se pela sua maneira de dialogar e pelo trato respeitoso com os ortodoxos e os muçulmanos. Quando irrompeu a Segunda Guerra Mundial ele encontrava-se na Grécia, que ficou devastada pelos combates. Procurou dar notícias sobre os prisioneiros de guerra e salvou

---

[13] DESCHNER, Karlheinz. *La politica dei Papi nel XX secol*: Milano: Ariele, 2009, p. 350.

muitos judeus com a "permissão de trânsito" fornecida pela Delegação Apostólica.[14]

Em 1944 Pio XII nomeou Roncalli para ser núncio apostólico em Paris, uma nunciatura de primeira classe. Segundo Deschner, sua nomeação teve a intervenção direta do pró-secretário de Estado, Mons. Montini. Aos 53 anos de idade Roncalli foi alçado a cardeal e, dois anos mais tarde, a patriarca de Veneza. Caracterizado pela simplicidade de vida, inclusive nos assuntos diplomáticos mais complexos, procurou agir sempre como um sacerdote. Com esse mesmo estilo, aos 77 anos chegou ao conclave e foi eleito Papa João XXIII, derrotando o favorito de seu antecessor, o cardeal Siri, homem de tendência à direita e preferido da Cúria.

Roncalli, homem de centro com tendências à esquerda, "papabile solo con riserva", foi eleito papa na décima primeira votação, no dia 28 de outubro de 1958, provavelmente com o apoio dos cardeais franceses. O ponto de desequilíbrio, no entanto, pode ter sido sua obediência quase submissa ao seu antecessor Papa Pio XII, o que agradava a Cúria Romana e os purpurados conservadores e anticomunistas.

João XXIII esteve longe de ser um "papa de esquerda"; ao contrário, manteve-se alinhado aos seus antecessores na defesa da religião contra o ateísmo. A diferença neste caso foi a sua maior tolerância e diálogo com os representantes dos países comunistas. O papel desempenhado em relação aos países comunistas foi mais de caráter diplomático e dialogal, e nunca religioso. Os apelos pelo respeito à religião apareciam de forma subliminar na fala do pontífice.

Em se tratando de diplomacia, a resposta foi sempre mais direta, como, por exemplo, quando Kosyrev, embaixador soviético, na Itália, transmitiu os cumprimentos de Khrushchev pelos 80 anos do papa. Roncalli incumbiu o

---

[14] http://www.vatican.va/news_services/liturgy/documents/ns_lit_doc_20000903_john-xxiii_po.html. Acesso em: 31 out. 2013.

núncio de Belgrado, Mario Cagna, de levar a resposta ao embaixador soviético em Roma: "Sua Santidade [...] agradece os cumprimentos e envia a todo povo russo o seu desejo de coração pelo desenvolvimento e consolidação da paz universal por meio de acordos favoráveis em humana fraternidade". Em março de 1963, João XXIII concedeu uma audiência ao genro de Khrushchev, Aleksej Adjubej e sua esposa, fato que provocou críticas abertas ao ato do papa dentro dos altos círculos da Santa Sé, aflição infundada, pois o papa, além de não ter dado caráter oficial à visita, também não demonstrou vontade imediata de manter relações diplomáticas com o governo soviético.[15]

Um outro caso, mais bem-sucedido, com relação à diplomacia da política da Santa Sé com um governo comunista, foi o da Revolução cubana. Além de não excomungar Fidel Castro, apesar das pressões diplomáticas de países europeus e dos americanos, o papa ainda aceitou as credenciais do embaixador cubano junto à Santa Sé e enviou Mons. Cesare Zacchi para núncio apostólico em Havana. João XXIII, "Em 1961 [...] dirigiu-se às grandes potências enviando um apelo em favor da paz mundial e pelo fim da Guerra Fria. Essa nova atitude do papado surpreendeu a opinião pública internacional, que seguiu atentamente também a atuação da mediação pontifícia na crise dos mísseis".[16]

João XXIII soube distender a diplomacia vaticana do Oriente ao Ocidente sob o calor da Guerra Fria. O fim dessa atitude era revigorar o catolicismo nos países da "Cortina de Ferro", pois a diplomacia da Cúria Romana ficou muito distante da realidade vivida por seus seguidores durante o papado de Pio XII. O Papa Roncalli convocou um concílio ecumênico, o Vaticano II, que 50 anos depois ainda provoca tensão dentro da própria Igreja. O anúncio que surpreendeu

---

[15] DESCHNER, Karlheinz. *La politica dei Papi nel XX secolo*, p. 358.
[16] CARLETTI, Anna. *O internacionalismo do Vaticano e a nova ordem mundial*, p. 130.

o mundo católico ocorreu no dia 25 de janeiro de 1959, na Basílica de São Paulo Extramuros.

A sessão pública de abertura do Concílio Vaticano II aconteceu no dia 11 de outubro de 1962, na presença de mais de 2.500 padres conciliares, com direito a voto, na Basílica de São Pedro. O papa que convocou, mesmo contra a vontade da Cúria Romana, o Concílio Vaticano II não viu seu fim, pois morreu no dia 3 de junho de 1963. "João XXIII mexeu em um vespeiro. A Cúria, aparato administrativo do Vaticano, resistia à iniciativa do pontífice. A Igreja deveria permanecer como era: Roma *locuta, causa Finita*".[17] A preocupação do sacerdote Roncalli foi mais de renovar os ares na Igreja Católica do que manter o poder curial inabalável.

Com um pontificado marcado pela abertura da Igreja Católica para o mundo, o concílio não foi seu único sinal de acolhimento a todos os povos. Sua encíclica *Pacem in Terris*,[18] de 11 de abril de 1963, escrita já no crepúsculo de uma vida dedicada ao diaconato do Povo de Deus, foi um dos momentos marcantes do "Papa bom" na vida da Igreja. A morte do Papa no dia 3 de junho de 1963 – Dia de Pentecostes – foi recebida com grande comoção em várias partes do mundo católico: "Ele havia aberto um novo tempo na Igreja, havia proposto os temas essenciais de caridade e unidade [...] das estruturas eclesiais, mas também da reformulação da doutrina".[19]

---

[17] KNOPP, Guido. *Vaticano e Pontefici*, pp. 9-10.
[18] DOCUMENTOS DA IGREJA. *Documentos de João XXIII*. São Paulo: Paulus, 1998, p. 322-375.
[19] ALBERIGO, Giuseppe (org.). *História dos Concílios Ecumênicos*. São Paulo: Paulus, 1995, p. 409.

3 Paulo VI: *aggiornare* prosseguindo os trabalhos

No romance *O conclave*, escrito pelo sociólogo Fabrício Battistelli, baseado no conclave que elegeu o Papa Bento XIV no século XVIII, há um diálogo bastante sugestivo em relação à realidade vivida por Mons. Montini no papado de Pio XII: "Não acredito que sua Excelência Apolloni tenha muitas chances de se tornar cardeal, neste pontificado. Ao contrário, o vejo destinado a evangelizar a diocese de alguma ilha remota do Mediterrâneo".[20] Entre os cardeais da Cúria Romana, o nome de Montini surgia como papável já no ano de 1958. Porém, como no romance, o fato real é que "O Papa Pacelli no ano de 1954 o havia exilado surpreendentemente, ele que por muitos anos foi seu discípulo, em Milão, uma sede cardinalícia, mas sem nunca tê-lo feito cardeal".[21] O Papa Pio XII não exilou seu discípulo numa remota ilha do Mediterrâneo, mas também não o elevou ao cardinalato, como no romance.

Talvez o motivo tenha sido sua suposta tendência política de centro-esquerda em meio a uma Cúria conservadora e anticomunista. Talvez! O fato é que somente após a elevação de Roncalli ao papado, que por muitos anos pairou sob a sombra de Montini, então subsecretário de Estado, é que este se tornou cardeal, o primeiro dos cardeais nomeados pelo Papa João XXIII. Mas de onde veio e que caminho trilhou Montini? Homem forte durante a maioria do tempo em

---

[20] BATTISTELLI. Fabrizio. *Il Conclave*. Torino: Einaudi, p. 168. Texto original: "Non credo che Sua Eccellenza Apolloni abbia molte probabilità di diventare cardinale, in questo Pontificato. Lo vedo piuttosto destinato a evangelizzare la diocesi di qualche remota isola del Mediterraneo".

[21] DESCHNER, Karlheinz. *La politica dei Papi nel XX secolo*, p. 370. Texto original: "Papa Pacelli nel 1954 lo aveva esilato sorprendentemente – lui, per molti anni suo allievo – a Milano, in una sede cardinalizia, ma senza farlo mai cardinale".

que Pio XII esteve no trono de Pedro, mas que não se pode tornar papa com a morte de seu mentor, apesar de já estar figurando entre os favoritos ao cargo.

Para Deschner, já em 1958 o nome de Montini, se fosse cardeal, seria um dos favoritos a ocupar o trono vacante. O colégio cardinalício estava muito dividido: "in 'pentagonisti' e 'antipentagonisti', 'capranicensi' e 'lateranensi'", padres provenientes do aristocrático colégio Capranica e do mais democrático seminário Lateranense, em tradicionalistas e reformistas, em italianos e estrangeiros, correntes que frequentemente se "comunicavam". Montini, ainda na condição de bispo, poderia ser considerado um papa "de iure", mas não "de facto", devido a sua forte influência entre boa parte do colégio cardinalício. Com isso, o sucesso de Roncalli foi uma vitória pessoal de Montini.[22]

O Papa Paulo VI nasceu em Concesio, próximo a Brescia, no ano de 1897. De família abastada, sua mãe, muito católica, era presidente da Associação Católica Feminina de Brescia, o pai era doutor em Direito, escritor e fundador do diário *Il cittadino de Brescia*, foi presidente da União Eleitoral Católica de Brescia e deputado no parlamento pelo Partido Popular, do qual era um dos fundadores. Ordenado sacerdote em 1920, Montini estudou Direito Eclesiástico na Universidade Gregoriana e, após um exame de admissão, tornou-se professor por um curto período. Sr. Longinotti, amigo de seu pai, e subsecretário de Estado no Ministério do Trabalho, interveio junto ao Cardeal Gasparri para que ele fosse admitido na Escola de Diplomacia Pontifícia, chamada na ocasião de "Academia dos Nobres". Aluno dedicado, foi alçado em pouco tempo para trabalhar na Secretaria de Estado do Vaticano.

Montini ocupou cargos importantes no âmbito da diplomacia pontifícia, entre os quais se destacou sua atuação

---

[22] Ibid., pp. 369-395. Vide citação para mais detalhes em Deschner, op. cit.

como Subsecretário de Estado no pontificado de Pio XII. Trabalhou na Secretaria de Estado por cerca de 30 anos [...] liberal e progressista, durante o pontificado alternou posições progressistas e posições conservadoras, recebendo o apelido de Hamlet, conhecida personagem shakespeariana que demonstrava indecisão frente a escolhas importantes. [...] sua formação anterior que o preparava a ocupar o lugar deixado pelo Papa João XXIII. Uma tarefa difícil o esperava, pois João XXIII foi o papa que lançara a Igreja num turbilhão de reformas. Reformas essas, que, se de um lado encontraram a oposição do grupo conservador da Cúria Romana, de outro despertavam na maioria dos bispos e cardeais – sobretudo dos outros continentes – a esperança na renovação da Igreja Católica.[23] (sic)

Montini, como arcebispo de Milão, aproximou-se dos operários e das reivindicações da esquerda que atuavam na sua diocese, e também não se esqueceu dos que estavam afastados da Igreja. Se Montini estava distante, por razões jurídicas, de assumir o papado por ocasião da morte de Pio XII, dessa vez, com a morte de seu partidário Roncalli, a certeza de que se tornaria papa pôde ser conferida na mensagem *Ecclesiam Suan*, bem formulada e articulada, rica em citações, que pouco tempo pronunciou, ao assumir o papado.

Contrariando a expectativa de alguns purpurados conservadores que preferiam ver o concílio encerrado, o Papa Paulo VI frustrou-os ao elencar entre suas principais tarefas a de dar continuidade ao concílio convocado e iniciado pelo seu antecessor. As ações de Montini foram marcadas não apenas pela popular figura de João XXIII, mas também pela experiência que havia acumulado com os papados de Pio XI e Pio XII, dos quais foi servidor próximo demais, para não ter algo em comum com eles. O Concílio Vaticano II

---

[23] CARLETTI, Anna. *O internacionalismo do Vaticano e a nova ordem mundial*, p. 135.

demonstrou na prática como seria marcado seu pontificado, segundo Carletti.

> Durante as sucessivas sessões conciliares, a luta interna entre progressistas e conservadores manteve-se constante. Nessas circunstâncias, Paulo VI devia alternar abertura com conservadorismo, num jogo diplomático ao qual estava acostumado pela trajetória precedente. Talvez por isso, o novo pontífice preferiu adotar, no seu governo, um projeto de reforma moderado, limitando suas naturais tendências progressistas.[24]

O concílio foi encerrado solenemente no dia 8 de dezembro de 1965, com a carta apostólica *In Spiritu Sancto*, do Papa Paulo VI. O tom pastoral empregado por João XXIII foi seguido pelo seu sucessor. No percurso dos trabalhos conciliares, os embates foram frequentes, coisa natural em toda instituição composta por centenas, milhares de homens e mulheres responsáveis pelo pastoreio de milhões de seguidores no mundo. Nessa data foi finalizada a etapa burocrática que se fazia necessária para *aggiornare* o catolicismo. Pela frente ainda estava por vir um longo processo de recepção e assimilação, por parte dos católicos, dessa revolução provocada pelo Papa João XXIII na Igreja.

Paulo VI, no mesmo espírito de distensão política empregada pelo Papa Roncalli, não foi hostil aos comunistas. No ano de 1963, por ocasião da assinatura do Tratado de Proibição de Testes Nucleares, o papa enviou telegramas aos chefes de Estado envolvidos nessa negociação, inclusive para o presidente do Conselho de Ministros da então URSS. Intercedeu junto ao presidente americano Lyndon Johnson pelo fim dos conflitos com o Vietnã. Paulo VI também empreendeu viagens nunca antes ensaiadas pelos seus antecessores, como para Israel e Índia. Em sua visita aos Estados Unidos,

---

[24] CARLETTI, Anna. *O internacionalismo do Vaticano e a nova ordem mundial*, p. 135.

aceitou o convite do presidente da ONU para falar aos membros das Nações Unidas.

Da América Latina, o papa recebeu denúncias da situação aviltante das populações empobrecidas que viviam em situação miserável e, em grande parte, debaixo de regimes ditatoriais funestos, apoiados pelo capitalismo "democrático" americano. O papa não ficou imune a esta situação, e lançou a encíclica *Populorum Progressio*, que provocou grande debate nos meios eclesiais, e fora dele, principalmente entre os conservadores da Cúria que achavam que o papa havia se excedido em suas colocações à esquerda, como, por exemplo, quando citou e questionou a supremacia da propriedade privada em detrimento dos direitos coletivos: "O bem comum exige por vezes a expropriação, se certos domínios formam obstáculo à propriedade coletiva, pelo fato da sua extensão (...) da miséria que daí resulta para as populações, do prejuízo considerável causado aos interesses do país".[25] Mas o clima de euforia liberal ensaiado pelo "vescovo rosso" de Milão cedeu espaço mais uma vez à tentação conservadora:

> A alegria dos grupos progressistas teve, porém, vida curta. O contexto internacional contribuiu para isso. [...] As pretensões dos grupos conservadores, insatisfeitos com a última encíclica, ficaram mais fortes. O passo atrás dado pelo papa em relação à Igreja latino-americana revelava as dúvidas que atormentavam o pontífice. [...] Às vezes, a balança pendia mais para um lado do que para outro. O resultado foi o aberto dissenso dentro e fora da Igreja, preanunciando o declínio de seu pontificado.[26]

---

[25] DOCUMENTOS DA IGREJA. *Documentos de Paulo VI*. São Paulo: Paulus, 1997, p. 121.

[26] CARLETTI, Anna. *O internacionalismo do Vaticano e a nova ordem mundial*, p. 146-147.

Concluindo...

Como considerações finais, se constata que, ao ceder às pressões conservadoras pós-conciliares, Paulo VI ficou marcado como um personagem ambíguo na história recente do papado. Seu governo no trono petrino carregou de início grandes expectativas de que fossem realizadas as aberturas propostas pelo Concílio Vaticano II. O desejo do que poderia ter sido e não foi frustrou as expectativas dos progressistas, mas acalmou os conservadores da Cúria. O Papa Montini deixou de figurar ao lado de João XXIII como um dos símbolos da tentativa (ainda inconclusa), de *aggiornamento* do catolicismo ao mundo moderno. Apesar de sê-lo!

Concílio Vaticano II: tradição e renovação

Exigências de uma hermenêutica conciliar

Elza Helena de Abreu[*]

Para compreender, ainda que de forma aproximativa, a significatividade do tema que é objeto da nossa reflexão, considero fundamental termos presente a atual conjuntura eclesial e teológica, seja ela em âmbito nacional ou internacional. A razão é clara. O pensar e fazer teológico não podem prescindir da realidade. A teologia projeta uma luz original sobre a realidade, ao estabelecer com ela uma relação dialógica, uma das fecundas conquistas do Vaticano II. Temos perguntas a fazer tanto à Tradição quanto à projetada renovação conciliar. Sem me adentrar no assunto, limito-me a acenar o que já é de consenso entre teóricos reconhecidamente competentes.

---

[*] Elza Helena de Abreu é doutoranda em Teologia (Liturgia) (Facultat de Teologia Catalunya – Barcelona) e especialista em Teologia Espiritual (Pontificia Facultas Theologica Teresianum - Roma), professora e coordenadora do curso de pós-graduação *lato sensu* em Liturgia (UNISAL – *Campus* Pio XI); http://lattes.cnpq.br/0225445215944621.
Palestra realizada no Simpósio de Teologia, de 7 a 9 de março de 2012, promovido pelo Curso de Teologia do UNISAL – Centro Universitário Salesiano de São Paulo, *Campus* Pio XI, com o tema "A 50 anos do Concílio Vaticano II: Memória e Esperança".

É cada vez mais forte a convicção de que estamos vivendo uma "mudança de época", com todos os valores, problemas, desafios e implicações que tal passagem significa.[1] A segunda metade do século XX e, desde então, também o início do século XXI se distinguem pela crescente complexidade da realidade e pela pluralidade de modelos interpretativos do real. Ora, nós cristãos e católicos não estamos fora da complexidade do mundo. O que emerge no cenário da pós-modernidade também nos afeta, nos faz pensar, nos interroga, nos questiona, nos leva a tomar posição e nos impulsiona a agir.

Na modernidade, em processo e em crise,[2] a reação a uma razão forte se caracteriza pela fragmentação, pelo pensamento fraco, pela incerteza, pela descrença, pelo intimismo e pela falta de sentido que esconde atrás de máscaras a tragicidade do vazio. "Já não podemos continuar sendo os mesmos num mundo que não é mais o mesmo", afirma Agenor Brighenti.[3] "A situação atual fez saltar em pedaços

---

[1] Sobre o assunto, tendo presente que a Igreja, enquanto fator cultural, é caixa de ressonância das consequências das transformações atuais, cf. BRIGHENTI, Agenor. *A Igreja perplexa*. São Paulo: Paulinas, 2004.

[2] Importa esclarecer que a expressão pós-modernidade é utilizada para expressar a crise pela qual passa a modernidade. Presta-se a muitas interpretações, até antagônicas. A literatura é abundante sobre essa questão. Algumas referências: VETTINO, Gianni. Postmodernidad. In: ORTIZ, Andrés Osés; LANCEROS, Patxi (eds). *Diccionario de hermenéutica*. Bilbao: Universidad de Deusto, 1998, p. 640-646; HABERMAS, Jurgen. *Modernidad y postmodernidad*. Madrid: Alianza, 1988; Sobre Jurgen Habermas, Modernidad versus posmodernidad. In: PICÓ, Josep. *Modernidad y postmodernidad*. Madrid: Alianza Editorial, 1988, pp. 87-102; LYOTARD, Jean-François. *La condición postmoderna*. Madrid: Cátedra, 1986; VATTIMO, Gianni. *El fin de la modernidad*. Barcelona: Gedisa, 1986; GASTALDI, Ítalo. De la modernidad a la posmodernidad. In: *Iglesias, Pueblos y Culturas* 30 (1993) 5-22; TRASFERETTI, José; GONÇALVES, Paulo Sérgio (orgs). *Teologia na pós-modernidade: abordagens epistemológicas, sistemática e teórico-prática*. São Paulo: Paulinas, 2003.

[3] BRIGHENTI, Agenor. *A Igreja perplexa*, p. 12.

muitas de nossas evidências",⁴ constata Carlos Palacio, o que leva à pergunta sobre a originalidade do Cristianismo e sobre a razão de ser da Igreja no mundo contemporâneo. Pois bem, constatamos que nessa intrincada e complexa realidade – "onde o 'fato cristão' vaga perdido pelos céus de um universo cultural" e a identidade cristã deixou de ser evidente – está situada uma interdependente, contraditória, angustiada e ao mesmo tempo expectante sociedade.

Esta desafiadora realidade já foi percebida com perspicaz intuição e auscultada com critérios evangélicos pelo homem simples e bom, e ao mesmo tempo extraordinário profeta, que foi o Papa João XXIII. De sua sábia e responsável leitura dos "sinais dos tempos", originou-se a convocação do concílio do século XX.

Com o Concílio Vaticano II, a iniciativa de João XXIII significou a inauguração de um novo tempo na vida da Igreja. Um tempo onde Tradição e Renovação se encontraram. Onde no bojo de releituras e descobertas, sob a ação do Espírito de Deus, emergiu um concílio *de Ecclesia*, em que a renovação da Igreja e a consciência da sua missão nasceram em meio a tensões e esperanças, sem ruptura com a Tradição.

A importância epocal representada pelo Concílio Ecumênico Vaticano II é reconhecida mundialmente. É igualmente conhecida a difícil e exigente trajetória da sua recepção que, como inescusável pressuposto, exige uma correta e coerente hermenêutica conciliar. Pois, como aderir e comprometer-se com um concílio querido por Deus sem conhecê-lo com objetividade e criticidade: como realidade histórica, como magistério renovado que volta à essência do Cristianismo e da fé cristã, como novo espírito e nova postura no interior da Igreja, animada por uma nova compreensão de si

---

⁴ PALACIO, Carlos. A originalidade singular do cristianismo. *Persp. Teol.* 26 (1994) 311-339, aqui, p. 317. Disponível em: http://www.faje.edu.br/periodicos/index.php/perspectiva/article/viewFile/1181/1587.

mesma, e a partir daí, com uma nova postura e relação com o mundo contemporâneo?

Compartilho a convicção de muitos: o legado do Vaticano II só poderá tornar-se realidade se compreendido, estudado e assumido por todos. Disso decorre a importância do seu aprofundamento com claras chaves hermenêuticas. Mesmo após 50 anos do concílio, a questão da hermenêutica conciliar origina um profundo debate entre teólogos, historiadores e pastoralistas. Situar-se e adentrar-se na reflexão sobre a questão hermenêutica, apesar da sua complexidade, não deixa de ser um desafio para o cristão contemporâneo, condição para um protagonismo corresponsável na(s) Igreja(s) e no peregrinar da humanidade.

Tendo presente o espaço que dispomos para este artigo, seguiremos um itinerário bem delimitado na exposição do tema. Destacaremos quem são nossos interlocutores prioritários, abordaremos a questão da consciência sobre a gênese do Vaticano II, nos ocuparemos da Tradição, uma categoria teológica pouco conhecida, e da Renovação, condição necessária para a evangelização; por fim, consideraremos a questão da hermenêutica conciliar.

1 Interlocutores prioritários

Sem desconsiderar todos os que se interrogam sobre o sentido do Concílio Ecumênico para o mundo contemporâneo, julgo oportuno considerar como interlocutores *prioritários* os estudantes de teologia, pois, assim como D. Júlio Akamine e D. José Maria Pires, articulistas desta obra, também faço minha a intenção de despertar e alimentar nos jovens um intenso e profundo interesse pelo Concílio Ecumênico Vaticano II. Um interesse que motive e alicerce um estudo metódico do concílio, articulado de modo interdisciplinar com disciplinas do saber teológico, já que somente assim o magistério conciliar – que articula com sábia continuidade,

Tradição e Renovação – será fonte e fundamento de uma teologia que poderá ser considerada filha, discípula e continuadora de uma teologia referenciada ao Concílio Vaticano II.

Recorda D. Rino Fisichella, presidente do Pontifício Conselho para a Promoção da Nova Evangelização, que ainda permanece em aberto uma tarefa difícil, mas decisiva para a vida da Igreja, uma tarefa que não pode ser postergada: dar a conhecer aos jovens o Vaticano II com suas imensas riquezas e desafios.

Esta foi uma das principais conclusões da Comissão Central do Grande Jubileu do ano 2000, expressa na "Conclusão sintética" da extraordinária obra produzida por representantes da catolicidade da Igreja, provenientes das diversas partes do mundo. Com ênfase, recordou Rino Fisichella, diretor do volume *Il Concilio Vaticano II: recezione e attualità alla luce del Giubileo*,[5] no texto conclusivo: "O ensinamento do concílio foi pensado para eles [os jovens] e a eles é destinado". De fato, a última mensagem dos padres conciliares no dia 8 de dezembro de 1965, na última sessão do concílio, foi dedicada aos jovens:

> Vocês são aqueles que retomarão a tocha das mãos dos vossos pais e vivereis no mundo no momento das mais gigantescas transformações da sua história [...]. Durante quatro anos a Igreja trabalhou para rejuvenescer o próprio rosto (*volto*), para corresponder melhor ao desígnio do seu Fundador, o grande Vivente, o Cristo eternamente jovem. E ao terminar esta imponente "revisão de vida" ela se volta para vocês: é para vocês, jovens, sobretudo para vocês, que com o seu concílio ela acendeu uma luz, aquela que ilumina o amanhã, o futuro de vocês.[6]

---

[5] FISICHELLA, Rino (dir.). *Il Concilio Vaticano II: recezione e attualità alla luce del Giubileo*. Cinisello Balsamo (Milano): San Paolo, 2000, 736. Obra na qual colaborou Joseph Ratzinger. *L'eclesiologia della Costituzione "Lumen Gentium"*, p. 66-81.

[6] Mensagem do concílio à humanidade. Tradução nossa. In: FISICHELLA, Rino (dir.). *Il Concilio Vaticano II*, p. 736.

2 Consciência sobre a gênese e o evento Vaticano II

Para abordar a questão da hermenêutica conciliar, com a necessária propriedade e seriedade, julgo necessário um mínimo de conhecimento sobre a gênese do Vaticano II. Importa considerá-la no seu todo, *como evento com seus documentos*, sem dissociar o acontecimento conciliar dos 16 documentos estudados, produzidos e aprovados pelos padres conciliares ao longo dos quatro períodos (de 11 de outubro de 1962 a 8 de dezembro de 1965), com um total de 10 sessões públicas e 168 congregações gerais.

Considero que, de modo ágil, o objetivo de uma primeira introdução ao assunto foi habilmente alcançado pelos competentes autores dos temas que compõem a presente obra. Merece destaque o privilégio de ver e ouvir, na pessoa de D. José Maria Pires, uma testemunha valiosa que atestou a veracidade dos fatos – com situações por vezes bastante complexas – e que se dispôs a dialogar e a escrever sobre eles.

Com estas contribuições, na ótica da memória e atualidade, e na perspectiva da esperança, o Vaticano II começou a ganhar vida entre ouvintes e leitores. Fez-se e se faz experiência compartilhada, e desponta como a retomada de um forte processo de busca e recepção, orada e refletida. Por meio dele, um elo e porta-voz vivo dos padres conciliares, somos convocados e desafiados pela Igreja, sob a ação do Espírito Santo, a assumirmos o Concílio Vaticano II como um irrenunciável dom-tarefa, reconhecendo que com a aceitação ou não do concílio está em jogo a genuína identidade do cristão católico do século XXI, situado em suas comunidades de pertença e conectado com inúmeros membros da família humana.

Retomo a importância do conhecimento da gênese do concílio, assim como do seu evento e documentos, para que o Vaticano II não se perca na memória de um *chip* virtual.

Para que a partilha da experiência sinodal se integre e germine em nossas experiências pessoais e comunitárias. Para que ela nos faça pensar e estudar o acontecimento e seus documentos, que nos inquiete e mesmo nos incomode. Que nos desinstale e nos mergulhe de cabeça na onda conciliar. Que nos torne conciliares, participantes no hoje, do Pentecostes que então iniciou um processo de renovação eclesial, o qual se estende aos nossos dias. Uma experiência que afete o nosso ser profundo como pessoas e cristãos, como sujeitos eclesiais com responsável consciência histórica.

Com a devida ênfase, Bento XVI destacou na Carta Apostólica *Porta fidei*,[7] que fez coincidir o início do Ano da Fé com o cinquentenário da abertura do Concílio Vaticano II:

> Sinto hoje ainda mais intensamente o dever de indicar o concílio como a grande graça de que beneficiou a Igreja no século XX: nele se encontra uma bússola segura para nos orientar no caminho do século que começa. Quero aqui repetir com veemência as palavras que disse a propósito do concílio poucos meses depois da minha eleição para sucessor de Pedro: "Se lermos e recebermos guiados por uma justa hermenêutica, o concílio pode ser e tornar-se cada vez mais uma grande força para a renovação sempre necessária da Igreja".[8]

3 Tradição, uma categoria teológica pouco conhecida

Como nós pudemos perceber, num único parágrafo da Carta Apostólica, ao abordar o tema do Vaticano II, Bento XVI pôs em foco tanto a Tradição da Igreja – é neste âmbito e sob esta luz que os textos devem "ser conhecidos

---

[7] BENTO XVI. *Porta Fidei. Carta apostólica com a qual se proclama o ano da fé* (11.10.2011). São Paulo: Paulus, 2011, n. 5.
[8] Id. Discurso à Cúria Romana (22.12.2005). In: *AAS 98* (2006) 52.

e assimilados" – como "a renovação sempre necessária da Igreja", que pode tornar-se realidade, se a leitura dos textos conciliares for "guiada por uma justa hermenêutica". Já ultrapassamos, pois, o umbral do núcleo do tema em reflexão e vislumbramos seu sentido mais pleno.

Convido-os agora a nos aproximarmos com atenção de uma categoria teológica fundamental para a compreensão da fé cristã: a Tradição, um dos eixos do tema em estudo. Buscaremos descobrir seu sentido e relevância atual, alcançado pelo Vaticano II, seja para a fé cristã, seja para a vida da Igreja.

Karl Heinz Neufeld, autor do verbete "Tradição", localizado no *Dicionário Crítico de Teologia*, esclarece a origem da ideia de Tradição e seu sentido hoje:

> Ela designava primeiramente o ato de transmitir objetos materiais, foi em seguida aplicada à perpetuação das doutrinas e das práticas religiosas, legadas de uma geração à outra pela palavra e pelo exemplo. Dali o termo se estendeu ao conjunto dos conteúdos comunicados. A Igreja Católica se considera neste sentido como realidade da tradição viva, e justifica sua mensagem e seu papel pela transmissão da fé cristã, da qual é, a seus próprios olhos, um elemento constitutivo.[9]

Nessa perspectiva, a própria Igreja é um componente essencial do Cristianismo. O núcleo essencial da mensagem evangélica recebe sua denominação formal com o termo técnico de "depósito da fé". Quanto às origens e ao desenvolvimento da tradição cristã, importa ter presente que ela está enraizada *no modo de vida diário* do povo judeu *e* na história deste povo. *A tradição é, pois, uma realidade vivida.* Adjunto a esta afirmação, destaco uma importante informação do autor, já que ela também diz respeito à experiência

---

[9] NEUFELD, Karl Heinz. Tradição. In: LACOSTE. Jean-Yves (dir.). *Dicionário crítico de teologia*. São Paulo: Paulinas; Loyola, 2004, p. 1742.

cristã: "A única dificuldade vem dos meios concretos que é preciso progressivamente adotar ou desenvolver para assegurar-lhe a continuidade e o crescimento, e fazer dela o objeto de uma relação consciente".[10] Portanto, a Tradição não é uma realidade estática. Para assegurar sua continuidade e crescimento, o recurso é fazer uso do conhecimento intuitivo, de uma criatividade que seja conatural à especificidade de uma particular tradição.

Os inícios do movimento cristão se inscrevem nesse quadro e, assim, garantem a salvaguarda, a preservação e o crescimento da comunidade eclesial. "Medidas e instituições se fundam na autoridade do Evangelho, isto é, na Palavra do Senhor, que assegura por este viés sua presença viva no mundo."[11] Um exemplo concreto e fundamental é a Eucaristia, celebração memorial instituída por Jesus Cristo e mantida viva, com acréscimos rituais, até os nossos dias. Foi definida pelo Vaticano II como fonte e vida da Igreja.[12]

No segundo capítulo da Constituição dogmática *Dei Verbum*, que trata da transmissão da revelação divina, o n. 8 é especialmente dedicado à *Sagrada Tradição*. Além de evidenciar a necessidade de conservar a pregação apostólica, transmitindo o que os mesmos apóstolos receberam – o Evangelho a ser conservado íntegro e vivo na Igreja[13] –, no número 8 especifica o que abrangem essas tradições: "a Igreja, na sua doutrina, vida e culto, perpetua e transmite

---

[10] Ibid., loc. cit.

[11] Ibid., loc. cit. Sobre a questão histórica e teológica da originalidade do cristianismo associada ao "fato cristão" e à identidade cristã cf. o lúcido e instigante artigo: PALACIO, Carlos. A originalidade singular do cristianismo, op. cit., p. 311-339.

[12] Cf. Constituição *Sacrosanctum Concilium* sobre a Sagrada Liturgia, n. 10; Constituição dogmática *Lumen Gentium* sobre a Igreja, nn. 11 e 26; *Decreto Unitatis Redintegratio* sobre o ecumenismo, n. 15; *Perfectae Caritatis* sobre a renovação da vida religiosa, nn. 5 e 6; sobre a Eucaristia como principal manifestação da genuína natureza da Igreja *Sacrosanctum Concilium*, nn. 2 e 41.

[13] Cf. Constituição dogmática *Dei Verbum* sobre a revelação divina, n. 7.

tudo aquilo que ela própria é e tudo aquilo que ela acredita". E continua: "Esta Tradição, que se origina dos apóstolos, progride na Igreja sob a assistência do Espírito Santo".[14]

Cabe destacar que o Vaticano II, sublinhando seu caráter pastoral, utilizou uma abordagem qualitativa e englobante na compreensão do que seja a Tradição e incorporou pontos de vista introduzidos na nova discussão sobre a história. A consciência histórica da Tradição – impulsionada por João XXIII e especialmente presente no seu discurso inaugural do concílio, a *Gaudet Mater Ecclesia* – levou à necessidade de distinguir entre o importante e o essencial (componente imprescindível da Tradição), entre o secundário e o caduco, ligado às circunstâncias variáveis. A ideia do caráter "vivo" da Tradição remete tanto à mensagem evangélica e aos seus efeitos, como também ao modo de sua transmissão, que repousa, sobretudo, na comunicação e na reciprocidade, o que supõe a existência de uma relação.

Com a redescoberta da dimensão viva, a Tradição passou a conhecer uma verdadeira transformação, ficando, pois, superada a compreensão de Tradição que vigorou por muito tempo, aquela entendida como zelo de conservar com a menor mudança possível uma instituição, uma entidade ou uma realidade material.[15] É necessário, pois, contar com o potencial crítico das experiências e das realidades específicas.

---

[14] Para um aprofundamento da concepção dinâmica de Tradição no âmbito do documento *Dei Verbum*, aplicável aos demais documentos conciliares, ler "Scrittura e Tradizione" in: FISICHELLA, Rino (dir.). *Il Concilio Vaticano II*, pp. 31-35.

[15] NEUFELD, Karl Heinz. Tradição, op. cit., p. 1746. Para um aprofundamento atualizado do conceito Tradição no âmbito da obra conciliar, especialmente na constituição *Dei Verbum*, ver: VANHOYE, Albert. La parola di Dio nella vita della Chiesa. La recezione della "Dei Verbum". In: FISICHELLA, Rino (dir.). *Il Concilio Vaticano II. Recezione e attualità alla luce del Giubileo*, pp. 29-45, especialmente p. 29-35.

Para ilustrar essa afirmação, basta ter presente que um bom número de críticas hoje dirigidas à religião e à Igreja são motivadas por aferrolhamentos ou excessivos cuidados institucionais que se produziram em nome da Tradição, o que leva a uma progressiva perda de credibilidade da Igreja. Houve um tempo em que as críticas eram iradas, por vezes acompanhadas de zombarias. Até pouco tempo, antes do início do pontificado do Papa Francisco, a indiferença era crescente. Para muitas pessoas e grupos, e em variados lugares, a Igreja perdeu a pertinência. As causas são várias. A perda ou ausência de uma verdadeira concepção de Tradição, aliada à falta de testemunho e de coerência, associada a outros problemas, tais como: um estilo de relação eclesiástica autoritária ou sem claras referências, a muita teoria e pouca prática, a homilias com déficit de interpretação da Palavra ligada à realidade, a escassa presença presbiteral e diaconal na comunidade e no meio do povo, os muitos discursos e poucos gestos significativos, o contraditório investimento na comodidade, na aparência, no sucesso etc. Estes e outros fatores geram e alimentam a "desafeição eclesial" e sinalizam uma indiferença problemática dos que então se diziam ou ainda se dizem cristãos, católicos. Este cenário afeta a credibilidade da Igreja e a perda de relacionamentos de confiança e de pertença.

Isso posto, podemos concluir que a redescoberta pelo Vaticano II da dimensão viva da Tradição ainda não foi percebida e assimilada por um grande número de Igrejas locais, o que acarreta diferentes tipos de problemas entrelaçados entre si. Tal fato indica que a nova reflexão conciliar sobre a Tradição, que está intimamente ligada a um equilibrado processo de renovação da Igreja, ainda está por acontecer. Provavelmente esta será uma questão decisiva a ser enfrentada no interior da retomada do processo de recepção do Vaticano II. Além do que, também será um ponto de partida para novas pesquisas que hoje devem ser empreendidas no interesse da fé cristã e da renovação da vida da Igreja, com maior aprofundamento inclusive do que se chama de "história da salvação".[16]

4 Renovação, condição necessária para a evangelização

Já temos condições de reconhecer que o segundo eixo do tema em estudo – a Renovação – emerge da compreensão do caráter "vivo" da Tradição. Convido-os neste momento a entrar em contato com fatos históricos relevantes.

Na mesma constituição *Humanae Salutis*, João XXIII, no dia 25 de dezembro de 1961, convoca o concílio para o ano 1962 e expõe a razão da convocatória do Sínodo Ecumênico. Várias vezes e em diferentes circunstâncias, ele volta ao assunto buscando esclarecer a finalidade e os objetivos do concílio. O papa se diz persuadido de que a humanidade estava atravessando uma etapa crítica – uma nova ordem de coisas estava se gestando –, e tal situação exigia da Igreja um fiel cumprimento da sua missão.

Na *Humanae Salutis*, de forma plástica e forte, João XXIII afirma ser necessário "injetar a força vital e divina do Evangelho nas veias da comunidade humana atual". Para ele, a leitura dos "sinais dos tempos", ensinada por Jesus, apresenta-se como uma exigência fundamental para o pôr-se em dia da Igreja (*aggiornamento*), exigência esta vinculada à necessária renovação da Igreja. Confiante na Providência divina e convicto de que está para acontecer um novo Pentecostes para o tempo atual, João XXIII busca descobrir "no meio de trevas sombrias" o que convém esperar, "um tempo melhor para a humanidade e para a Igreja".

---

[16] Cf. *Lumem Gentiun* em Denzinger, Heinrich; Hünermann, Petrus. *Compêndio dos símbolos: definições e declarações de fé e moral*. Tradução de José Marino e Johan Konings. São Paulo: Paulinas, Loyola, 2007, nn. 4122-4124 e 4130-4141.

O papa tem presente o momento delicado pelo qual a humanidade está passando. Segundo ele, caracteriza-se pela ruptura entre o progresso espiritual e o material, de onde brota a indiferença religiosa e humana, fruto da indigência espiritual e do ateísmo. A partir desta visão, nasce de João XXIII a iniciativa profética de um concílio pastoral e evangelizador, que implicará o *aggiornamento* da Igreja. Com a palavra *aggiornamento*, ele indica a necessidade de os cristãos, e a Igreja em seu conjunto, aceitarem a confrontação com o Evangelho, e com a palavra "pastoral" quer enunciar de forma sintética a obra do concílio, o seu objetivo eclesial absoluto, que não é apenas doutrinal e disciplinar.

Ainda na constituição *Humanae Salutis*, o papa deixa claro sua convicção fundamental: a transformação do mundo deverá ser acompanhada por uma transformação da Igreja. Uma nova primavera na Igreja – expressão muito querida e várias vezes utilizada por João XXIII – está vinculada ao tipo de vida e missão querida por Cristo, interpreta Paulo VI, ao reconhecer no discurso de abertura da segunda sessão do Concílio Vaticano II a extraordinária e corajosa iniciativa de João XXIII.

Paulo VI destaca que a recuperação da vitalidade interior e exterior da Igreja está ligada a Cristo: "A um Cristo vivo, corresponde uma Igreja viva"[17] – daí a necessidade de aprofundar a definição da Igreja no Sínodo Ecumênico. Esclarece Paulo VI – e este aspecto interessa especialmente ao nosso tema – que não se trata nem de uma "revolução" nem de uma "ruptura" com as valiosas tradições. Trata-se, sim, de despojar-se das formas caducas e defeituosas e de voltar às formas eclesiais "mais autênticas e fecundas".[18] Um valioso trabalho de pesquisa, estudos, publicações e encontros internacionais já haviam alicerçado o processo da volta às fontes.

---

[17] PAULO VI. Discurso na solene inauguração da 2ª sessão do Concílio Vaticano II, 29 set.1963. In: *AAS 55* (1963) 841-859.
[18] Ibid.

Tratava-se do trabalho realizado por vários movimentos, vários deles iniciados nos inícios do século XX: os movimentos bíblico, patrístico, litúrgico, ecumênico, catequético.

5 A questão da hermenêutica conciliar

a) Uma palavra sobre a vasta bibliografia

No âmbito da extensa bibliografia sobre o assunto, destaco a monumental obra *História do Concílio Vaticano II*, dirigida pelo renomado historiador Giuseppe Alberigo, que não obteve unânime acolhimento no meio católico. Ele foi contemporâneo do evento conciliar e diretor do Instituto de Ciências Religiosas de Bolonha. A obra de cinco volumes e de quase três mil páginas, produzida entre os anos 1995-2001 e traduzida em várias línguas (inglês, alemão, francês, espanhol, português e russo, além da edição original em italiano), contou com a colaboração de uma dezena de estudiosos do mundo inteiro, sendo Oscar Beozzo o colaborador brasileiro. Ficou a cargo dele a edição em língua portuguesa ainda em andamento, com dois volumes traduzidos,[19] assim como o monge beneditino de Montserrat, Evangelista Vilanova, foi o responsável pela edição espanhola, já completa.

Merece destaque o fato de que esta complexa obra sobre a história do Vaticano II tenha sido construída "sobre a base da análise crítica das fontes; toda a documentação

---

[19] ALBERIGO, Giuseppe (dir.); BEOZZO, José Oscar (coord.). *História do Concílio Vaticano II*. v. 1. O catolicismo rumo a nova era. O anúncio e a preparação do Vaticano II (janeiro de 1959 a outubro de 1962). Petrópolis: Vozes, 1995; Id., *História do Concílio Vaticano II*. v. 2. A formação da consciência conciliar: o primeiro período e a primeira intersessão (outubro de 1962 a setembro de 1963). Petrópolis: Vozes, 2000. Para uma leitura básica e consistente: ALBERIGO, Giuseppe. *Breve história do Concílio Vaticano II* (1959-1965). Aparecida: Santuário, 2006.

conservada – oral e escrita, oficial e informal, coletiva e individual, interna e externa". A finalidade não foi apenas "reconstruir e recontar o complexo itinerário do trabalho conciliar, mas também o espírito e a dialética que animaram e caracterizaram a assembleia" que, com quase mil horas de trabalho – sem contar o trabalho das comissões e dos grupos –, realizou um total de 168 assembleias gerais. Desse modo, esta obra coletiva busca responder com competência crítica à pergunta fundamental sobre o significado do Vaticano II. A resposta aponta para as transformações que o concílio introduziu no catolicismo – e indiretamente, também nas outras Igrejas cristãs –, transformações essas solidamente alicerçadas na Tradição e no diálogo com o mundo contemporâneo, intimamente vinculadas ao fenômeno da volta às fontes, um movimento com vários objetos de pesquisa, estudo e ação, com expressão ecumênica, que teve sua origem especialmente nas primeiras décadas do século XX.

b) Necessidade de uma hermenêutica conciliar.
Critérios em vista de uma recepção profunda do Concílio Vaticano II

Na medida em que avançam os estudos críticos sobre o Vaticano II, também se manifesta cada vez mais evidente a sua importância. Mostra-se igualmente urgente e imprescindível uma justa hermenêutica, adequada ao serviço de uma continuada recepção eclesial, proporcional ao extraordinário sentido e finalidade do evento conciliar. Receber o Vaticano II e abrir-se à Tradição nele recebida revela-se como uma das tarefas mais urgentes da catolicidade no momento presente e ao longo dos próximos anos. Cabe aqui recordar o famoso livro-entrevista do cardeal Joseph Ratzinger, *Rapporto sulla fede*,[20] que traz à luz uma visão dura e com-

---

[20] RATZINGER, Joseph; MESSORI, Vittorio. *Rapporto sulla fede*. Cinisello Balsano (Milano): San Paolo, 1985 (1ª edição original). Tradução em espanhol: *Informe sobre la fe*. 4. ed. Madrid: BAC, 1985.

plexa sobre a recepção e interpretação do Vaticano II, em que argumenta sobre a necessidade de uma hermenêutica conciliar. Ele não duvida em dizer:

> Creio que o verdadeiro tempo do Vaticano II ainda não chegou, que sua acolhida autêntica ainda não começou; seus documentos foram em seguida sepultados debaixo de uma avalanche de publicações com frequência superficiais ou francamente inexatas. A leitura da letra dos documentos nos fará descobrir de novo seu verdadeiro espírito. Se esta verdade for averiguada e aceita, estes grandes documentos nos permitirão compreender o que aconteceu e reagir com novo vigor.[21]

O Sínodo dos Bispos de 1985, aos 20 anos do encerramento do concílio, na "Relação final", corrobora o caráter inacabado da recepção conciliar e destaca a necessidade de "promover o conhecimento e a aplicação do concílio seja quanto à letra como quanto ao espírito".[22] Acentua a finalidade de intensificar a nova fase de recepção e interpretação do Vaticano II e a criteriologia necessária para dar-lhe impulso. Quando verifica colegialmente as dificuldades e problemas de sua aplicação, faz uma constatação seguida da indicação dos passos exigidos para uma recepção mais profunda do concílio:

> [...] estes e outros defeitos mostram que ainda se precisa de uma recepção mais profunda do concílio. Ela exige quatro passos sucessivos: 1º) conhecer o concílio mais ampla e profundamente; 2º) assimilá-lo internamente; 3º) afirmá-lo com amor; e 4º) levá-lo à vida. Somente

---

[21] Cf. RATZINGER, Joseph. *Rapporto sulla fede*, p. 38. Resulta proveitosa a leitura da inteira temática "Un Concilio da rescoprire", p. 25-43.

[22] LIBANIO, João Batista; LORSCHEITER, José Ivo; LORSCHEIDER, Aloísio. Segunda Assembleia Geral Extraordinária do Sínodo dos Bispos: Roma – 25 nov. – 8 dez. 1985. *Perspectiva Teológica* 44 (1986) 77-92, aqui p. 82.

assim, se forem assimilados internamente e integrados na vida, será possível que os documentos do concílio cheguem a ser vivos e vivificantes.²³

É legítimo afirmar que as várias críticas ao concílio, também aquelas frontais, dizem respeito especialmente ao problema da compreensão do Vaticano II, com efeitos diretos na sua recepção. Tal problema não é algo inusitado na história dos concílios. O conhecimento objetivo e adequado do concílio, como acontecimento, com seus documentos, está vinculado a uma necessária reflexão hermenêutica, que é pressuposto e passagem obrigatória para sua correta aplicação.

O aprofundamento da questão da gêneses do concílio resultou na manifestação de que é aí que se encontram as raízes de sua complexa e difícil recepção, ainda em processo na Igreja. O pós-concílio, em grande medida, é uma projeção das tensões de seus protagonistas, que penetraram na assembleia, protagonistas esses que são, antes de tudo, personagens do mesmo concílio. O fenômeno não é novo na história conciliar. A hermenêutica do Concílio Vaticano II é, pois, uma tarefa complexa, devido também ao fenômeno da justaposição, originalmente fruto de dois itinerários paralelos de preparação do concílio.²⁴ Este fenômeno se mani-

---

²³ *Ecclesia* 45 (1985) 1556. Sobre o assunto, cf. LIBANIO, João Batista; LORSCHEITER, José Ivo; LORSCHEIDER, Aloísio. Segunda Assembleia Geral Extraordinária do Sínodo dos Bispos. Ao tratar da problemática relativa às "causas das sombras" relacionadas à recepção do Concílio Vaticano II os autores do artigo indicaram que "a solução vai na linha de aprofundar a 'recepção' do Concílio segundo o critério hermenêutico da globalidade do texto, da relação entre espírito e letra, entre pastoral e dogmática, e de sua inserção na tradição da Igreja". Op. cit., p. 82.

²⁴ Hermann Pottmeyer é um dos pesquisadores que explica com coerente lógica e claridade a questão da recepção do concílio associada à sua interpretação e ao fenômeno de origem, o da "ambiguidade" de muitos textos. Esclarece Pottmeyer: "O Concílio uniu entre si as duas aspirações: renovação da Igreja e manutenção da continuidade. Este procedimento é, essencialmente, o da justaposição. A uma doutrina ou a uma tese de formulação pré-conciliar se justapõe uma doutrina ou uma tese

festou progressivamente na Assembleia Sinodal como duas tendências com distintas visões e forças aí implicadas, o que veio a constituir a chamada luta por um concílio *de Ecclesia*, na qual estiveram implicadas a comissão central preparatória e as várias comissões e subcomissões preparatórias com desdobramentos no transcurso do concílio.

Sem dúvida, acompanha a genuína atitude de recepção do concílio a capacidade de discernimento, própria da Tradição viva da Igreja, que justamente por ser fiel à sua missão continua a escrutar os sinais dos tempos.

c) A hermenêutica e a recepção conciliar são indissociáveis da compreensão da Igreja

No âmbito do estudo da hermenêutica conciliar se mostra relevante a questão da estreita relação entre a recepção do Vaticano II e os conceitos operantes sobre Igreja, conciliaridade e unanimidade. Podemos afirmar que na base de uma coerente interpretação e recepção do concílio, encontra-se a compreensão de Igreja como comunhão de Igrejas, própria dos primeiros séculos do Cristianismo. O Espírito Santo é o construtor da comunidade eclesial e autor da unanimidade ou consenso que brota da mesma conciliaridade profunda da Igreja.[25] Ela é um efeito e um sinal perceptível da presença atuante do Espírito. A recepção do Sínodo Ecumênico brota, pois, da mesma conciliaridade eclesial e é prolongamento ou ampliação escalonada do processo do acontecimento conciliar, sendo a unanimidade a vertente essencial. Assim, pois, no transcurso dos anos, a continuidade direta com o Vaticano II, sua recepção e hermenêutica

---

que expressa um aspecto complementar". POTTMEYER, Hermann. Hacia una nueva fase de recepción del Vaticano II. Veinte años de hermenéutica del Concilio. In: ALBERIGO, Giuseppe; JOSSUA, Jean Pierre (eds.). *La recepción del Vaticano II*. Madrid: Cristiandad, 1987, p. 60.

[25] CONGAR, Yves. A recepção como realidade eclesiológica. *Concilium* 77 (1972/7) 886-907.

são a expressão visível e sensível da realidade histórica da Igreja peregrina, uma Igreja *semper reformanda*, mistério de comunhão que se realiza sob a ação do Espírito Santo.

A leitura e a acolhida do Vaticano II, com a guia de uma hermenêutica íntegra, é a condição para que o concílio alcance cada vez com maior força a renovação da Igreja e suas outras finalidades. Este é um empenho ao qual, com maior coerência, toda a Igreja é chamada a comprometer-se, especialmente os senhores bispos. Para eles, o Vaticano II é um compromisso absoluto. Cabe a eles serem os primeiros a apoiar a pesquisa, as várias modalidades de aprofundamento, as iniciativas com ênfase estratégica em parcerias, e outras em vários âmbitos e níveis.

Dada a complexidade do concílio, as chaves e critérios de leitura haverão de ser complementários, tendo marcos e parâmetros claros, objetivos e coerentes. O discurso de João XXIII, *Gaudet Mater Ecclesia*,[26] pronunciado na inauguração solene do Vaticano II, sinaliza as linhas de fundo do concílio. Ele contém a chave primordial para a hermenêutica do Vaticano II. Estabelece critérios para promover a doutrina, distinguindo o depósito da fé da maneira como esta deve ser investigada e apresentada, tendo presente as exigências dos tempos. Na ótica do Papa João XXIII, se fosse apenas para repetir e ampliar capítulos da doutrina cristã, não seria necessário convocar um concílio. A perspectiva renovadora e pastoral, coerente com os sinais dos tempos e animada pelo espírito evangélico, confere identidade ao Concílio Ecumênico Vaticano II e define a missão conciliar.

---

[26] JOÃO XXIII. Discurso *Gaudet Mater Ecclesia* na abertura solene do SS. Concílio, 11 out.1962. In: *AAS* 54 (1962) 785-795.

Considerações finais

O Concílio Ecumênico Vaticano II continua sendo a Carta Magna da Igreja no terceiro milênio. Com a devida coerência teológica, é possível articular *aggiornamento* com *transição* e *reforma*, pois o campo semântico subjacente é o mesmo, a novidade de um concílio teológico e pastoral.

Compreensão de Igreja como comunhão de Igrejas e fidelidade à Tradição articulada com abertura ao presente e ao futuro é condição primordial para uma interpretação íntegra e coerente do Vaticano II, base que sustenta a renovação da Igreja.

Continua para todos nós o convite-desafio sempre atual: no auscultar dos tempos, comprometidos com a(s) comunidade(s) e em sinergia com a ação do Espírito Santo, sejamos conciliares, pois o processo de renovação da Igreja só poderá de fato acontecer se o Concílio Ecumênico for compreendido, estudado e assumido por todos.

A correta hermenêutica conciliar é condição para uma adequada e profícua recepção atualizada do Vaticano II. Esta recepção é sustentada por um intenso e profundo amor-adesão à Trindade Santa, que pela mediação da obra conciliar continua na contemporaneidade o seu apaixonado diálogo com a família humana, um diálogo libertador e dador de vida nova. Um diálogo em que homens e mulheres, sem qualquer tipo de distinção, com a ajuda do amor fraterno, poderão encontrar aquele Deus que, no dizer de Santo Agostinho: "de quem afastar-se é cair, a quem dirigir-se é levantar-se, em quem permanecer é estar firmes, a quem voltar é renascer, em quem habitar é viver".[27]

---

[27] Agostinho (Santo). Sol.I, 1,3: PL 32, 870. Citado por Paulo VI no discurso pronunciado dia 7 de dezembro de 1965, na sessão pública na qual encerrou os trabalhos do Concílio Ecumênico Vaticano II. In: *AAS* 58 (1966) 59.

Parte III

Vaticano II, liturgia e teologia em tempos líquidos

A Palavra de Deus em documentos do Vaticano II e pós-conciliares

Gregório Lutz*

Já que a Palavra de Deus é parte integral do ser Igreja e da celebração da liturgia, consideramos indispensável nos darmos conta de como a Palavra de Deus é entendida desde o Concílio Vaticano II. Esta indagação nos guiará na procura do sentido autêntico da Palavra de Deus e em como este sentido está expresso nos documentos do Vaticano II e em outros documentos da época pós-conciliar.

Dos documentos do Concílio Vaticano II e do magistério pós-conciliar, selecionamos algumas afirmações especialmente relevantes sobre o novo jeito de celebrar e de ser Igreja, sobretudo enquanto têm por foco a Palavra de Deus na vida e na liturgia da Igreja.

A exposição segue a seguinte ordem. Na primeira parte, dos documentos do Vaticano II contemplaremos as constituições *Dei Verbum*, sobre a revelação divina, e a

---

* Gregório Lutz (CSSp - Espiritanos) é doutor em Liturgia (Universidade de Trier (Tréveris) – Alemanha) e autor de vários livros e artigos sobre Liturgia. O presente artigo foi elaborado a partir da palestra realizada na 27ª Semana de Liturgia (14-18 de outubro de 2013) em São Paulo, organizada pelo Centro de Liturgia Dom Clemente Isnard, em parceria com o UNISAL (Centro Universitário Salesiano de São Paulo), *Campus* Pio XI e a Rede Celebra. Tema geral da Semana de Liturgia: "*Sacrosanctum Concilium*, 50 anos: novo jeito de celebrar – novo jeito de ser Igreja".

Sacrosanctum Concilium, sobre a sagrada liturgia. Associaremos uma e outra vez ensinamentos de algum outro documento conciliar. Na segunda parte nos deteremos nas afirmações mais importantes da Exortação apostólica *Verbum Domini*, publicada em 2010, com a qual o Papa Bento XVI quis "dar a conhecer a todo o povo de Deus a riqueza surgida naquela reunião vaticana (a XII Assembleia Geral do Sínodo dos Bispos de 5 a 26 de outubro de 2008) e as indicações emanadas do trabalho comum" (VD 1). Na terceira parte destacaremos afirmações importantes que a CNBB apresenta em seu documento 97, que tem o título "Discípulos e servidores da Palavra de Deus na missão da Igreja".

1 *Dei Verbum* e *Sacrosanctum Concilium*

Fundamental para toda a constituição conciliar *Dei Verbum* sobre a revelação divina e para tudo que outros documentos do magistério dizem sobre a Palavra de Deus, também sobre sua relação com a liturgia, é o início da *Dei Verbum*, onde lemos:

> Este Santo Sínodo adere às palavras de São João: "Anunciamos-vos a vida eterna, que estava junto ao Pai e se nos manifestou: o que vimos e ouvimos, vo-lo anunciamos, para que também vós tenhais comunhão conosco e nossa comunhão seja com o Pai e com seu Filho Jesus Cristo" (1Jo 1,2-3).

O anúncio "da vida eterna" é, portanto, não apenas comunicação de uma verdade, e, sim, visa ao efeito de comunhão de vida com o Pai; e, nesta comunhão, se tem vida eterna, em outras palavras, a salvação.

Evidentemente, este efeito salvífico do anúncio da Palavra não se deve ao apóstolo ou a outro anunciador como pessoa humana, mas à presença de Jesus Cristo pelo Espírito

Santo, neste anúncio. O Vaticano II explica, por exemplo, no número 6 da *Sacrosanctum Concilium*, que, "como Cristo foi enviado pelo Pai, assim também ele enviou os apóstolos, cheios do Espírito Santo [...] para pregarem o Evangelho". E, no próximo número, lemos que Cristo está presente, sobretudo nas ações litúrgicas, "pela sua palavra, pois é ele mesmo que fala quando se leem as Sagradas Escrituras na igreja" (SC 7).

Em vários outros momentos, a *Dei Verbum* reafirma e explicita sua constatação inicial, por exemplo, dizendo no artigo 4 que Jesus Cristo, pela plena presença e manifestação de si mesmo por palavras e obras, sinais e milagres, e especialmente por sua morte e gloriosa ressurreição dentre os mortos, enviado finalmente o Espírito de verdade, aperfeiçoa e completa a revelação e a confirma com o testemunho divino que Deus está conosco para libertar-nos das trevas do pecado e da morte e para ressuscitar-nos para a vida eterna.

Quando a *Dei Verbum*, no início do seu capítulo VI (n. 21), passa para considerações mais práticas sobre a "Sagrada Escritura na vida da Igreja", ela explica também a sua intuição da sacramentalidade da proclamação da Palavra de Deus em termos mais práticos:

> É tão grande o poder e a eficácia que se encerra na Palavra de Deus, que ela constitui sustentáculo e vigor para a Igreja, e, para seus filhos, firmeza da fé, alimento da alma, pura e perene fonte da vida espiritual. Por isto aplicam-se, por excelência, à Sagrada Escritura estas palavras: "É viva e eficaz a Palavra de Deus" (Hb 4,12), "que pode edificar e dar herança a todos os santificados" (At 20,32; cf. 1Ts 2,13).

Não contradiz esta visão da sacramentalidade da Palavra de Deus que observamos na *Dei Verbum* a afirmação da *Sacrosanctum Concilium* em seu número 6, quando diz que os apóstolos foram enviados não somente para pregarem o

Evangelho, "mas ainda para levarem a efeito o que anunciavam: a obra da salvação através do sacrifício e dos sacramentos, sobre os quais gira toda a vida litúrgica". O concílio aqui não quis negar a sacramentalidade da Palavra de Deus, como se esta não tivesse efeito salvífico sem ser celebrada também por sinais e gestos rituais. O concílio entendeu, sim, que o rito fala mais claramente, se não se limita a palavras acústicas, mas quando fala também por gestos e sinais, como é normal e natural na vida humana, quando pessoas se comunicam umas com as outras e também com Deus. Nesse sentido, é evidente que também gestos e sinais são palavras.

Tanto da palavra quanto da liturgia vale também o que a *Sacrosanctum Concilium* diz no fim do seu número 6 sobre a presença e a ação do Espírito Santo:

> Nunca [...] a Igreja deixou de reunir-se para celebrar o mistério pascal: lendo "tudo quanto a ele se referia em todas as Escrituras" (Lc 24,27), celebrando a Eucaristia, na qual "se torna novamente presente a vitória e o triunfo de sua morte"[1] e, ao mesmo tempo, dando graças "a Deus pelo dom inefável" (2 Cor 9,15) em Jesus Cristo, "para louvor de sua glória" (Ef 1,12), pela força do Espírito Santo.

Sobre a Sagrada Escritura, por sua vez, lemos na *Dei Verbum*:

> As coisas divinamente reveladas, que encerram por escrito e se manifestam na Sagrada Escritura, foram consignadas sob inspiração do Espírito Santo. Pois a Santa Mãe Igreja, segundo a fé apostólica, tem como *sagrados* e canônicos os livros completos do Antigo como do Novo Testamento, com todas as suas partes, porque, escritos

---

[1] Concílio de Trento, Sessão 11, Decreto De SS. *Eucharistia*, cap. 5. In: DENZINGER, Heinrich; HÜNERMANN, Petrus. *Compêndio dos símbolos: definições e declarações de fé e moral.* Tradução de José Marino e Johan Konings. São Paulo: Paulinas: Loyola, 2007, n. 878.

sob a inspiração do Espírito Santo (cf. Jo 20,31; 2Tm 3,10; 2Pd 1,19-21; 3,15-16), eles têm Deus como autor e nesta sua qualidade foram confiados à mesma Igreja.[2]

Lembrando todos estes textos citados, não é de se admirar que tanto a *Sacrosanctum Concilium* quanto a *Dei Verbum* dão igual valor à Palavra de Deus e ao corpo eucarístico de Cristo. A *Sacrosanctum Concilium* fala, por exemplo, da "mesa do Corpo do Senhor" (n. 48) e da "mesa da Palavra" (n. 51). E a *Dei Verbum* escreve no número 21:

> A Igreja sempre venerou as Sagradas Escrituras da mesma forma como o próprio Corpo do Senhor, já que, principalmente na Sagrada Liturgia, sempre toma da mesa tanto da palavra de Deus quanto do Corpo de Cristo o pão da vida, e o distribui aos fiéis.

Embora a *Sacrosanctum Concilium* o faça mais implicitamente, ordenando que a mesa da Palavra de Deus na missa seja mais ricamente preparada, para que os fiéis possam ouvir "as partes mais importantes da Sagrada Escritura" (inteira), os dois documentos conciliares que agora são o nosso objeto de estudo apreciam também o Antigo Testamento. A *Dei Verbum* dedica o número 15 à importância do Antigo Testamento para os cristãos, baseando-se no fato de a economia do Antigo Testamento ter sido ordenada principalmente para preparar a vinda de Cristo e, no número 16, fala da unidade dos dois sacramentos. É evidente que o fato de termos agora, sobretudo nos domingos do tempo comum, como primeira leitura uma perícope do Antigo Testamento que se relaciona ao evangelho do dia se deve a essa consciência da importância do Antigo Testamento em relação ao Novo.

---

[2] Cf. CONCÍLIO VATICANO I. Constituição dogmática *De Fide Catholica*: *Dei Filius*, cap. 2.

Orientações práticas para valorizar melhor a Palavra de Deus apresentada na Sagrada Escritura a *Sacrosanctum Concilium* dá também quando fala da homilia (n. 52) e quando recomenda que na quaresma se façam "ouvirem os fiéis com mais frequência a Palavra de Deus" (n. 109).

2 Exortação apostólica *Verbum Domini*[3]

Logo na introdução a esta exortação Apostólica, que tem o subtítulo "Sobre a Palavra de Deus na vida e na missão da Igreja", o Papa Bento XVI exorta, mesmo antes de indicar o objetivo desse documento, "todos os fiéis a redescobrirem o encontro pessoal e comunitário com Cristo, Verbo da Vida que se tornou visível, a fazerem-se seus anunciadores para que o dom da vida divina, a comunhão, se dilate cada vez mais pelo mundo inteiro" (VD 2).

No fim da introdução lemos:

> Desejo, através desta exortação apostólica, que as conclusões do Sínodo influam eficazmente sobre a vida da Igreja: sobre a relação pessoal com as Sagradas Escrituras, sobre a sua interpretação na liturgia e na catequese bem como na investigação científica, para que a Bíblia não permaneça uma Palavra do passado, mas uma Palavra viva e atual. Com este objetivo, pretendo aprofundar os resultados do Sínodo, tomando por referência constante o *Prólogo do Evangelho de João* (Jo 1,1-18), que nos dá a conhecer o fundamento da nossa vida: o Verbo que desde o princípio está junto de Deus, fez-se carne e veio habitar entre nós (cf. Jo 1,14). [...] Aquele que "viu e acreditou" (Jo 20,8) nos ajude também a apoiar a cabeça sobre o peito de Cristo (cf. Jo 13,25), donde brotou

---

[3] BENTO XVI. Exortação Apóstólica *Verbum Domini*. 3. ed. São Paulo: Paulinas, 2010.

sangue e água (cf. Jo 19,34), símbolos dos sacramentos da Igreja.[4]

Assim conhecemos o objetivo e também já globalmente o conteúdo do documento do qual vamos ver detalhadamente apenas alguns pontos relevantes, omitindo, no entanto, textos que repetem simplesmente afirmações da *Dei Verbum*.

2.1 O "O Deus que fala" – Resposta do ser humano. Hermenêutica

Um ponto relevante no início da primeira parte da *Verbum Domini* e da primeira seção dessa parte que tem o título "O Deus que fala" parece ser o item sobre a analogia da Palavra de Deus (n. 7). Com esta analogia, o papa quer mostrar que usamos a expressão "Palavra de Deus" em diversas modalidades, mas num sentido profundo unitário. De fato, por exemplo, no prólogo do quarto evangelho, a Palavra é o eterno Filho de Deus que estava junto de Deus e era Deus, e que se fez homem. Numa próxima modalidade do uso da expressão "Palavra de Deus", Bento XVI vê na criação que "constitui também essencialmente parte desta sinfonia a diversas vozes na qual se exprime o único Verbo". Do mesmo modo, continua o papa, "confessamos que Deus comunicou sua Palavra na história da salvação [...], 'falou pelos profetas' (Credo Niceno-Constantinopolitano) [...] e tem sua plenitude no mistério da encarnação, morte e ressurreição do Filho de Deus. Palavra de Deus é ainda aquela pregada pelos apóstolos" e por aqueles que a proclamam até hoje. Como última das seis modalidades que o papa elenca, ele menciona a "Palavra de Deus atestada e divinamente inspirada, a Sagrada Escritura". Portanto, em todas estas modalidades se exprime o sentido unitário da expressão "Palavra de Deus".

---

[4] *Verbum Domini*, 5.

Merece ser notada a seguinte observação que o papa faz neste contexto, referindo-se a São Bernardo de Claraval:

> Tudo isto nos faz compreender por que motivo, na Igreja, veneramos extremamente as Sagradas Escrituras, apesar de a fé cristã não ser uma "religião do Livro": o Cristianismo é a "religião da Palavra de Deus", não de "uma palavra escrita e muda, mas do Verbo encarnado vivo".[5]

Bento XVI conclui este item sobre a analogia da Palavra de Deus, escrevendo:

> Como afirmaram os padres sinodais, encontramo-nos realmente perante um uso analógico da expressão "Palavra de Deus" e disto mesmo devemos estar conscientes. Por isso, é necessário que os fiéis sejam mais bem formados para identificar os seus diversos significados e compreender o seu sentido unitário. E do ponto de vista teológico é preciso também aprofundar a articulação dos vários significados desta expressão, para que resplandeça melhor a unidade do plano divino e, neste, a centralidade da pessoa de Cristo.

Dos itens que seguem, limito-me a salientar afirmações feitas nos números 11 e 15, que tratam, respectivamente, da "cristologia da Palavra" e da "Palavra de Deus e o Espírito Santo".

Falando da condescendência de Deus que se realizou na criação pela Palavra, na palavra dos profetas e, "de modo insuperável, na encarnação do Verbo", quando a Palavra "tornou-se em Cristo um homem, 'nascido de mulher' (Gl 4,4)", Bento XVI constata:

> Aqui a palavra não se exprime primariamente num discurso, em conceitos ou regras, mas vemo-nos colocados diante da própria pessoa de Jesus. [...] Daqui se compreende por que motivo, no início do ser cristão, não há

---

[5] Bernardo de Claraval. *Homilia super missus est*, 4,11: *Patrologia Latina* 183, 86B.

uma decisão ética ou uma grande ideia, mas o encontro com um acontecimento, com uma pessoa que dá à vida um novo horizonte e, desta forma, o rumo decisivo.[6]

O papa conclui sua "cristologia da Palavra" com uma interessante comparação, na qual ele cita um trecho da homilia que fez na Epifania de 2009. Ele escreve que podemos comparar o universo com uma partitura:

> considerando-o como a obra de um autor que se exprime através da "sinfonia" da criação. Dentro desta sinfonia, a determinado ponto aparece aquilo que, em linguagem musical, se chama um "solo", um tema confiado a um só instrumento ou uma só voz; e é tão importante que dele depende o significado da obra inteira. Este "solo" é Jesus.[7]

Do item sobre "A Palavra e o Espírito Santo" merece ser salientado o que o papa diz do caso das antigas orações que, em forma de epiclese, invocam o Espírito antes da proclamação das leituras: "Mandai o Vosso Espírito Santo Paráclito às nossas almas e fazei-nos compreender as Escrituras por ele inspiradas; e concedei-me interpretá-las de maneira digna, para que os fiéis aqui reunidos dela tirem proveito".

Aqui podemos lembrar que na versão antiga do nosso cântico popular "A nós descei, Divina Luz" se cantava na segunda estrofe: "Divino Espírito, descei, os corações vinde inflamar e as nossas almas preparar para o que Deus nos quer falar".

2.1.1 Caráter dialógico da revelação – Resposta do Homem a Deus que fala

Passando a tratar, ainda na primeira parte da *Verbum Domini*, da "Resposta do homem a Deus que fala" (n. 22), Bento XVI retoma e explicita o caráter dialógico da

---

[6] BENTO XVI. *Deus caritas est*. Carta Encíclica sobre o amor cristão (25.12.2005). São Paulo: Loyola, 2006, n. 1.
[7] Ibid., n. 13.

revelação, do qual ele já falou no início da primeira parte deste documento, citando ali a *Dei Verbum* (n. 2): "Deus [...], levado por seu grande amor, fala aos homens como a amigos (cf. Ex 33,11; Jo 15,14-15) e com eles se entretém (cf. Br 3,38) para convidá-los à comunhão consigo e nela os receber". Agora o papa salienta que este diálogo, como afirmaram os padres sinodais com sua quarta proposição, "comporta o primado da Palavra de Deus dirigida ao homem". E continua escrevendo:

> O mistério da Aliança exprime esta relação entre Deus que chama [...] e o homem que responde. [...] Por meio deste dom do seu amor, ele, superando toda a distância, torna-nos verdadeiramente seus "parceiros", de modo a realizar o mistério nupcial do amor entre Cristo e a Igreja.

Referindo-se à ideia que encontramos hoje em dia sempre mais frequentemente, de que Deus é alheio a nossa vida e nossos problemas ou, pior ainda, que a presença de Deus pode até ser uma ameaça a nossa autonomia, o papa diz: "Devemos fazer todo o esforço para mostrar a Palavra de Deus precisamente como abertura aos próprios problemas, como resposta às próprias perguntas".

Outros títulos sobre o tema maior da resposta do homem a Deus que fala são "A Palavra de Deus e a fé" (n. 25), o "Pecado" (n. 27) e "Maria, Mãe do Verbo Divino e Mãe da fé" (nn. 27 e 28). Como não se poderia esperar algo diferente da parte de Bento XVI, ele afirma que fé é a entrega livre e total da pessoa humana a Deus. Conhecida é também sua aqui repetida insistência de a fé ser um encontro pessoal com uma pessoa à qual se confia a própria vida.

As considerações sobre Maria, o papa abre dizendo que é necessário olhar para uma pessoa em quem a reciprocidade entre Palavra de Deus e fé foi perfeita, ou seja, para a Virgem Maria, "que, com o seu sim à Palavra da Aliança e à sua missão, realiza perfeitamente a vocação divina da humanidade". Com uma pequena análise do *Magnificat*, o papa chega ao fim de sua contemplação sobre a fé de Maria. O *Magnificat* ele considera ser um retrato, por assim dizer, da alma de Maria, "inteiramente tecido de fios da Sagrada Escritura, com fios tirados da Palavra de Deus". Ele a considera também como "modelo e arquétipo da fé da Igreja".

2.1.2 A Igreja, lugar originário da hermenêutica da Sagrada Escritura – Critérios

O terceiro grande tema da primeira parte da *Verbum Domini* trata da "Hermenêutica da Sagrada Escritura na Igreja". A Igreja se considera como o lugar originário dessa hermenêutica, porque a Bíblia deve "ser lida e interpretada com o mesmo Espírito com que foi escrita", como é atestado já pela segunda carta de São Pedro (1,20-21), que diz: "Nenhuma profecia da Escritura é de interpretação particular, porque jamais uma profecia foi proferida pela vontade dos homens. Inspirados pelo Espírito Santo é que os homens santos falaram em nome de Deus" (n. 29).

Para Bento XVI vale como regra geral que "uma autêntica interpretação da Bíblia deve estar sempre em harmônica concordância com a fé da Igreja Católica" (n. 30).

Nos próximos números Bento XVI mostra, por exemplo, como o estudo da Sagrada Escritura se tornou, nas décadas depois do Concílio Vaticano II, sempre mais "A alma da sagrada teologia" (n. 31); e ele apresenta os critérios básicos para essa hermenêutica, indicados pela *Dei Verbum* (n. 34). A aplicação desses princípios nos itens seguintes tem estes títulos: "O dualismo e a hermenêutica secularizada" (n. 35), "Fé e razão" (n. 36), "Sentido literal e espiritual da Bíblia" (n. 37), "A superação da 'letra'" (n. 38), "A unidade intrínseca da Bíblia" (n. 39). Com base, sobretudo, em afirmações de São Paulo, explica a relação entre Antigo e Novo Testamento (n. 40) e, particularmente, a tipologia bíblica (n. 41). Também às páginas "obscuras" dedica-se um número (42) e outro a "Cristãos e judeus, relativamente às Sagradas

Escrituras" (n. 43). Os títulos dos números seguintes são: "A interpretação fundamentalista da Sagrada Escritura" (n. 44), "Diálogo entre pastores, teólogos e exegeta" (45), "Bíblia e ecumenismo" (n. 46), "Os estudos teológicos" (n. 47). Muito espaço ocupa o tema: "Os santos e a interpretação da Escritura" (n. 48).

2.2 Liturgia, lugar privilegiado da Palavra de Deus – A Palavra de Deus na Igreja

A segunda parte da *Verbum Domini* trata da "Liturgia, lugar privilegiado da Palavra de Deus" e da "Palavra de Deus na vida eclesial". Numa breve seção introdutória, com o título "A Palavra de Deus na Igreja", como que introduzindo esta parte, o papa fala da contemporaneidade da Palavra de Deus na Igreja (n. 51), e diz:

> A relação entre Cristo, Palavra do Pai, e a Igreja não pode ser compreendida em termos de um acontecimento simplesmente passado, mas trata-se de uma relação vital na qual cada fiel, pessoalmente, é chamado a entrar. Realmente, falamos da Palavra de Deus que está hoje presente conosco: "Eu estarei sempre convosco, até o fim do mundo" (Mt 28,20).

2.2.1 A Igreja "Casa de Palavra" – Sacramentalidade da Palavra

A primeira grande seção da segunda parte da *Verbum Domini* tem o título "Liturgia, lugar privilegiado da Palavra de Deus". Ela começa com a frase: "Considerando a Igreja como 'casa da Palavra', deve-se, antes de tudo dar atenção à liturgia, na qual "a Igreja oferece aos fiéis as riquezas das obras e merecimentos do seu Senhor, a ponto de torná-los como que presentes a todo o tempo" (n. 52). Tendo assim ainda presente a ideia da contemporaneidade da presença do Verbo divino, usa-se a imagem da "casa da Palavra", da qual os padres sinodais disseram em sua mensagem final:

Isto é a Igreja que, como sugere São Lucas (At 2,42), é sustentada por quatro colunas ideais: O "ensinamento", que consiste na leitura e compreensão da Bíblia pelo anúncio feito a todos na catequese, na homilia, por meio de uma proclamação que envolva a mente e o coração. A "fração do pão", isto é, a Eucaristia, fonte e cume da vida e missão da Igreja [...]. Uma terceira coluna é a "oração", com salmos, hinos e cânticos espirituais (Cl 3,16). É a Liturgia das Horas [...]. A *lectio divina*, a leitura orante das Sagradas Escrituras. [...]. E, por fim, a "comunhão fraterna", pois para ser verdadeiro cristão, não basta ser como "aqueles que escutam a Palavra de Deus", mas é preciso ser como quem "a coloca em prática" no amor operoso (Lc 8,21).

No número 53, sobre a "Sagrada Escritura e sacramentos", lemos que a "liturgia da Palavra é um elemento decisivo na celebração de cada um dos sacramentos" (n. 53). Da reflexão sobre a "Palavra de Deus na Eucaristia", podemos destacar: "No discurso de Cafarnaum, aprofunda-se o prólogo de João: se neste o *Logos* de Deus se fez carne, naquele a carne faz-se 'pão' dado para a vida do mundo (cf. Jo 6,51)". Importante é, neste item 54, também sua segunda parte, que trata da "narração de Lucas sobre os discípulos de Emaús".

Nos demais itens desta seção, Bento XVI reflete, em parte bem prática e detalhadamente, sobre a "sacramentalidade da Palavra", em cuja origem ele vê precisamente o mistério da encarnação (n. 56); a "Sagrada Escritura e o lecionário" que, apresentando agora "com frequência os textos mais importantes da Escritura, favorece a compreensão da unidade do plano divino, através da correlação do Antigo e do Novo Testamento, centrada em Cristo e no seu mistério pascal" (n. 57). Depois, no item sobre o leitorado, o papa faz "eco dos padres sinodais que sublinharam [...] (na proposição 14) a necessidade de cuidar, com uma adequada formação, do exercício da função de leitor" (n. 58).

O último elemento dos ritos da missa, contemplados neste contexto, é a homilia (n. 59), para o bom exercício da qual o papa lembra a conveniência de um diretório homilético (n. 60). Refletindo, a seguir, sobre a Palavra de Deus na celebração dos sacramentos da Penitência e da Unção dos Enfermos, o papa lamenta a frequente negligência na celebração destes e também dos outros sacramentos em relação à Sagrada Escritura, e lembra, atendendo à oitava proposição, que "a força salutar da Palavra de Deus é apelo vivo a uma conversão pessoal constante do próprio ouvinte" (n. 61).

Também junto com os padres sinodais, Bento XVI diz no número seguinte que a Liturgia das Horas constitui "uma forma privilegiada de escuta da Palavra de Deus, porque põe os fiéis em contato com a Sagrada Escritura e com a Tradição viva da Igreja". A respeito da Palavra de Deus e do Ritual de bênçãos, lemos que "a bênção, como verdadeiro sinal sagrado, 'adquire sentido e eficácia da proclamação da Palavra de Deus'".[8]

Tratando ainda da Palavra de Deus na liturgia, Bento XVI dá algumas "Sugestões e propostas concretas para a animação litúrgica", particularmente para as celebrações da Palavra de Deus – vivamente recomendadas nas comunidades onde não é possível celebrar a Eucaristia aos domingos; a Palavra e o silêncio – seu valor para a recepção da Palavra de Deus; a proclamação solene da Palavra de Deus, sobretudo em ocorrências litúrgicas relevantes; e a Palavra de Deus no templo cristão, onde se exige uma atenção especial para o ambão; a exclusividade dos textos bíblicos na liturgia, que nunca devem ser substituídos por outros; o canto litúrgico, que deve ser biblicamente inspirado; e a particular atenção aos cegos e aos surdos, para que também eles tenham um contato vivo com a Palavra de Deus (nn. 64-71).

---

[8] SAGRADA CONGREGAÇÃO PARA O CULTO DIVINO. *Ritual de Bênçãos*. São Paulo: Paulus, 2002. Introdução geral, n. 21.

2.2.2 A Palavra de Deus na vida da Igreja

A segunda grande seção da segunda parte da *Verbum Domini*, com o título "A Palavra de Deus na vida da Igreja", retoma, sem se referir explicitamente a isso, a temática contemplada já no Concílio Vaticano II, que constatou no artigo 12 da *Sacrosanctum Concilium*, com o título: "A vida espiritual não se restringe unicamente à participação da sagrada liturgia", onde lemos logo no início: "Se é verdade que a liturgia constitui o lugar privilegiado para a proclamação, escuta e celebração da Palavra de Deus, é igualmente verdade que este encontro deve ser preparado nos corações dos fiéis e sobretudo por eles aprofundado e assimilado", o que, evidentemente, deve acontecer em todos os momentos da vida cristã, que "se caracteriza essencialmente pelo encontro com Jesus Cristo que nos chama a segui-lo" (n. 72). Ainda no mesmo número Bento XVI escreve:

> Junto com os padres sinodais, expresso o vivo desejo de que floresça uma nova estação de maior amor pela Sagrada Escritura da parte de todos os membros do povo de Deus, de modo que, a partir de sua leitura orante e fiel no tempo, se aprofunde a ligação com a própria pessoa de Jesus.[9]

Todos os itens desta seção são importantes, mas não é possível entrar em detalhes sobre o que se diz nas próximas páginas da *Verbum Domini*. Sejam, no entanto, lembrados pelo menos alguns títulos que encontramos nessas páginas: "Animação bíblica da pastoral" (inteira), "Dimensão bíblica da catequese", "Formação bíblica dos cristãos", "Palavra de Deus e vocações" (ordenadas, consagradas, leigas, matrimônio e família), "Leitura orante da Bíblia" (nn. 73-87).

---

[9] Sínodo dos Bispos. *XII Assembleia Geral Ordinária do Sínodo sobre a Palavra de Deus* (05 a 26.10.2008). Proposição 9: "Encontro com a Palavra na leitura da Sagrada Escritura".
In: http://www.vatican.va/roman_curia/synod/documents/rc_synod_doc_20081025_elenco-prop-finali_it.html. Acesso em: 13 nov. 2013.

Seguem ainda, nesta seção, reflexões sobre a "Palavra de Deus e oração mariana", destacando-se o rosário e o "Anjo do Senhor" (n. 88), e, finalmente, sobre a "Palavra de Deus e Terra Santa" (n. 89).

2.2.3 A Palavra de Deus no mundo

Na terceira parte a *Verbum Domini*, que tem como título "A Palavra de Deus no mundo", encontramos em quatro seções reflexões e exortações sobre "A missão da Igreja: anunciar a Palavra de Deus ao Mundo" (nn. 90-98), "Palavra de Deus e compromisso no mundo" (nn. 99-108), "Palavra de Deus e culturas" (nn. 109-116), e "Palavra de Deus e diálogo inter-religioso" (nn. 117-120).

Sem negar que se possam fazer também desta parte destaques de passagens importantes, parece preferível salientar da Conclusão da *Verbum Domini* algumas afirmações bem pessoais do nosso papa emérito Bento XVI:

> No termo destas reflexões [...] desejo uma vez mais exortar todo o Povo de Deus, os pastores, as pessoas consagradas e os fiéis leigos a empenharem-se para que as Sagradas Escrituras se lhes tornem cada vez mais familiares. Nunca devemos esquecer que, na base de toda a espiritualidade cristã autêntica e viva, está a Palavra de Deus anunciada, acolhida, celebrada e meditada na Igreja (n. 121).

> Regressamos à primeira carta de São João. Na Palavra de Deus, também nós escutamos, vimos e tocamos o Verbo da vida. Por graça, acolhemos o anúncio de que a vida eterna se manifestou, de modo que agora reconhecemos que estamos em comunhão uns com os outros, com quem nos precedeu no sinal da fé e com todos aqueles que, espalhados pelo mundo, escutam a Palavra, celebram a Eucaristia, vivem o testemunho da caridade. Recebemos a comunicação deste anúncio – recorda-nos o apóstolo João – para que "a nossa alegria seja completa" (cf. 1Jo 1,4) (n. 123).

Esta relação íntima entre a Palavra de Deus e a alegria aparece em evidência precisamente na Mãe de Deus. [...] Maria é feliz porque tem fé, porque acreditou, e, nesta fé, acolheu no seu ventre o Verbo de Deus para o dar ao mundo. A alegria recebida da Palavra pode agora estender-se a todos aqueles que na fé se deixam transformar pela Palavra de Deus.

Por fim, dirijo-me a todos os homens, mesmo a quantos se afastaram da Igreja, que abandonaram a fé ou que nunca ouviram o anúncio da salvação. O Senhor diz a cada um: "Eis que estou à porta e bato. Se alguém ouvir a minha voz e abrir a porta, entrarei em sua casa e cearei com ele, e ele comigo" (Ap 3, 20).

Assim também nós poderemos entrar no esplêndido diálogo nupcial com que se encerra a Sagrada Escritura: "O Espírito e a Esposa dizem: 'Vem'! E, aquele que ouve, diga: 'Vem'! [...] O que dá testemunho destas coisas diz: 'Sim, eu venho em breve'! Amém. Vem, Senhor Jesus!" (Ap 22,17.20) (n. 124).

3 Discípulos e servidores da Palavra de Deus na missão da Igreja

Esse documento da CNBB, de número 97, retoma muitas afirmações da *Dei Verbum* e da *Verbum Domini*, mas tem um objetivo próprio, que é formulado assim: "Apresentamos este texto que pretende ser uma resposta às exortações do Sínodo". E acrescenta: "Divide-se em três partes: 'a Palavra de Deus'; 'nossa resposta à Palavra'; 'a Palavra e os caminhos da missão'" (n. 6).

3.1 A Palavra de Deus

No início do primeiro capítulo, que tem o título "A Palavra de Deus", constata-se que "o Concílio Vaticano I via a atitude do ser humano ante Deus que se revela como dever de 'plena adesão do intelecto e da vontade', ao passo que o Concílio Vaticano II fala dessa atitude em termos de abertura e acolhimento do diálogo" (n. 8). Explicitando esta constatação, diz-se no número seguinte: "A revelação passa, assim, a ser vista como evento comunicativo de Deus que, por amor, entra em diálogo com o ser humano e a ele se dirige como a um amigo (cf. Ex 33,11; Jo 15,14-15)".

Fazendo sua a cristologia da Palavra da *Verbum Domini*, o Documento da CNBB afirma:

> Não há diferença entre crer no que Jesus proclama e anuncia e no que ele é, pois ele é a Palavra de Deus que se manifesta em seu ser e agir. Não se trata, apenas, de aderir às ideias de Jesus, mas à sua pessoa. Escutar essa Palavra, que é Cristo, significa encontrá-lo na Igreja, *casa da Palavra*, onde, particularmente na celebração do Mistério Pascal, a Palavra se faz Sacramento (n. 18).

Também importante no primeiro capítulo é a seguinte frase: "É na Igreja e somente na fé eclesial que se torna possível realizar-se a autêntica interpretação da Sagrada Escritura, pois a 'letra do Evangelho também mata, se faltar a graça interior da fé que cura'"[10] (n. 20).

3.2 Nossa resposta à Palavra

O capítulo II, que tem o título "Nossa resposta à Palavra", trata da revelação como "comunicação, encontro e diálogo, em vista da comunhão que Deus quer estabelecer com o ser humano". Para que se possa realizar esta comunhão, é fundamental, conforme se diz na introdução a este

---

[10] Tomás de Aquino. *Summa Theologiae*, Ia-IIae, q. 106, art. 2.

capítulo, da parte do ser humano, abertura e adesão, mas também isso diante do primado da graça. A iniciativa é do Senhor, que quer revelar-se, mas ele aguarda a abertura e a obediência da fé, a submissão livre à palavra escutada (n. 21).

Depois das palavras introdutórias, o capítulo II reflete sobre a busca do ser humano da parte de Deus, que em seu amor deseja criar comunhão, por intermédio do seu Filho. O encontro se realiza na fé, que é adesão, não uma ideia; fé que é simultaneamente pessoal e eclesial. Conclui-se este item com as seguintes palavras:

Da compreensão fundamental da revelação, vista como encontro do Deus que fala e do ser humano que o escuta, ao acolhê-la por intermédio de Jesus Cristo, sacramento desse encontro, no hoje da história, nasce o desejo apostólico de uma animação bíblica da pastoral (n. 28).

Dessa animação bíblica da pastoral tratam a segunda e terceira parte deste capítulo. Na primeira destas duas partes explica-se o que é a animação bíblica da pastoral. À luz do Documento de Aparecida, a CNBB diz que não se deve pensar em uma pastoral entre outras, mas que se entende "por animação bíblica de toda a pastoral a busca consciente e contínua de ter a Sagrada Escritura como alma da missão evangelizadora da Igreja".[11] Na terceira parte do segundo capítulo, procura-se uma resposta à pergunta: "A animação bíblica da pastoral, como ocorre?". Essa resposta se encontra no texto dos Atos dos Apóstolos, que relata o encontro entre Filipe e o eunuco etíope. Pela análise desse relato chega-se à conclusão que, "quando a Palavra de Deus entra na vida das pessoas, iniciam-se processos de conversão pessoal, comunitária e pastoral, que as levam, consequentemente, a serem

---

[11] Cf. CELAM. *Documento de Aparecida*: texto conclusivo da V Conferência Geral do Episcopado Latino-americano e do Caribe. Brasília: CNBB; São Paulo: Paulus/Paulinas, 2007, n. 248.

testemunhas corajosas que anunciam o que o Senhor realizou em suas vidas" (n. 60).

3.3 A Palavra e os caminhos da missão

O capítulo III, cujo título é: "A Palavra e os caminhos da missão", é quase por inteiro uma apresentação de linhas ou propostas para o conhecimento e a interpretação da Palavra (eixo de formação), para o caminho de oração com a Palavra e comunhão (eixo da oração) e para o caminho de evangelização e proclamação da Palavra (eixo do anúncio).

Introduzindo as três partes deste capítulo, faz-se uma observação importante:

> Cabe reconhecer que os interlocutores da ação pastoral são sujeitos e não somente destinatários. De fato, não recebem a Palavra para guardá-la para si mesmos, mas para anunciá-la (cf. Is 50,4). Como recorda o Senhor: "O que vos digo na escuridão, dizei-o à luz do dia; o que escutais ao pé do ouvido, proclamai-o sobre os telhados" (Mt 19,27).

Indicam-se ainda alguns elementos indispensáveis, sem os quais as outras ações vinculadas à animação bíblica da pastoral poderão ser prejudicadas. São eles:

• comissões, com uma organização funcional, que oferece uma rede de serviços e ajudas práticas, facilitando a efetiva animação bíblica da pastoral;

• equipes de assessoria da animação bíblica da pastoral;

• formação bíblica permanente (no tempo), sistemática (no currículo) e profunda (nos conteúdos) para assessores e multiplicadores da animação bíblica da pastoral.

Em sua conclusão, o documento n. 97 da CNBB diz: "Estas linhas de ação influam eficazmente na vida e na missão da Igreja, particularmente na catequese, na liturgia e no testemunha da caridade". Sem dúvida, com esta frase podemos bem concluir nossa indagação sobre a Palavra de Deus em vista de um "novo jeito de ser Igreja e um novo jeito de celebrar".

Consideração final

Nestes anos de 2012 a 2015, em que celebramos o jubileu de ouro do Concílio Vaticano II, é sumamente importante lembrarmo-nos do fundamento da nossa fé e de nosso ser cristão na Igreja, que é antes de mais nada a Palavra de Deus. Este grande tesouro, transmitido de modo particular e autenticamente pela Sagrada Escritura, foi trazido à consciência do Povo de Deus pelo Concílio Vaticano II, principalmente em sua Constituição *Dei Verbum*, e aprofundado e explicitado no XII Sínodo dos Bispos, do qual resultou a Exortação apostólica *Verbum Domini*, do Papa Bento XVI.

No Brasil, o ensinamento desses documentos do Magistério universal foi inculturado pelo documento n. 97 da CNBB, com o título "Discípulos e servidores da Palavra de Deus na missão da Igreja", que quer motivar a Igreja no Brasil a responder, também na práxis pastoral, aos apelos dos documentos romanos. Assim, temos realmente as melhores condições para celebrar o jubileu de ouro do Vaticano II como Igreja bem alicerçada em Jesus Cristo, que é em pessoa a Palavra de Deus no meio de nós.

A *Sacrosanctum Concilium*

Elementos para uma história da gênese do texto

Gabriel Frade*

A aprovação do texto base sobre a liturgia, em 22 de novembro de 1963,[1] e a sua consequente promulgação solene

---

* Gabriel dos Santos Frade é mestre em Teologia (Centro Universitário Assunção – São Paulo), professor de Liturgia e Sacramentos do Centro Universitário Salesiano de São Paulo – *Campus* Pio XI, da Faculdade de Filosofia e Teologia Paulo VI (Mogi das Cruzes), do Mosteiro de São Bento de São Paulo; http://lattes.cnpq.br/7845330040698658

[1] É de grande interesse o depoimento de uma das testemunhas do evento, o então perito do Concílio, Frei Carlos José Boaventura Kloppenburg, OFM: "A comissão pede um voto final e global sobre todo o esquema 'De Sacra Liturgia'. Esta votação, formalmente importante e decisiva, começou às 11:30. Às 12:05 horas o Secretário Geral, Mons. Felici, leu o resultado: Votantes: 2.178; *placet*: 2.158; *non placet*: 19; *placet iuxta modum*: 1. O resultado foi recebido com grande alegria e vivos aplausos pelo plenário. Levantou-se imediatamente o Cardeal Tisserant, decano do Conselho de Presidência do Concílio para agradecer os trabalhos da Comissão litúrgica, recordando também o Cardeal Caetano Cicognani, agora falecido, que fora o primeiro Presidente da Comissão e que já dirigira os trabalhos pré-conciliares. Para que o esquema passasse a ser uma Constituição Conciliar, faltava-lhe apenas uma formalidade prescrita pelo art. 48 do Regulamento: ser votado diante do Papa. Fez-se esta última e solene votação durante a 3ª Sessão Pública, dia 4-12-1963. Estavam presentes 2.151 Padres Conciliares. 2.147 disseram placet e apenas 4 non placet". KLOPPENBURG, Boaventura. Crônica das emendas da Constituição. In: BARAÚNA, Guilherme (org.) *A sagrada liturgia renovada*. Petrópolis: Vozes, 1964, p. 119.

pelo Papa Paulo VI (1897-1978), no dia 4 de dezembro de 1963,[2] trouxeram à luz a Constituição sobre a Sagrada Liturgia *Sacrosanctum Concilium*: o primeiro grande documento do Concílio Ecumênico Vaticano II.

A data escolhida para a promulgação fora extremamente significativa, já que 400 anos antes, na cidade de Trento, no dia 4 de dezembro de 1563, outro concílio de importância ímpar para a Igreja encerrava suas atividades. No centro de ambos os eventos conciliares uma mesma urgência: a necessidade de reformas na Igreja para fazer frente às necessidades cruciais do momento.

À diferença que, especialmente no campo da liturgia, o Concílio Vaticano II teve a possibilidade de executar o que Trento propriamente não teve o tempo necessário para fazer. Ao promulgar a *Sacrosanctum Concilium*, a Igreja, através de um Concílio Ecumênico e à luz da grande Tradição, estabeleceu os princípios e as bases para uma reforma profunda e extremamente conveniente da liturgia,[3] para que se pudesse fazer frente às várias exigências contemporâneas.

---

[2] "Em Nome da Santíssima e Indivisível Trindade Pai e Filho e Espírito Santo. Os Decretos que neste Sacrossanto e Ecumênico Concílio Vaticano II, legitimamente reunido, foram agora lidos, agradaram aos Padres. E Nós, pela autoridade Apostólica por Cristo a Nós confiada, juntamente com os Veneráveis Padres, no Espírito Santo os aprovamos, decretamos e estatuímos. Ainda ordenamos que o que foi assim determinado em Concílio seja promulgado para a Glória de Deus. Roma, junto de São Pedro, no dia 4 de dezembro de 1963. *Ego Paulus Catholicae Ecclesiae Episcopus*". CONCÍLIO VATICANO II, *Sacrosanctum Concilium*. In: *AAS* 56 (1964) 138. Tradução nossa.

[3] "As suas afirmações doutrinais [*Sacrosanctum Concilium*] mais importantes são: a concepção teológica da centralidade do mistério pascal, isto é, da íntima união da morte e ressurreição de Cristo que se torna presente na liturgia; o significado central da liturgia, como 'cume para o qual tende a ação da igreja e, ao mesmo tempo, a fonte da qual promana toda a sua virtude" (n. 10); a reavaliação da Palavra; a multiforme presença de Cristo, não só nas formas sacramentais, mas também na comunidade que celebra, na Palavra, etc. Na esfera das disposições práticas, a constituição restabelece a forma originária da celebração eucarística, do ano litúrgico, bem como dos sacramentos e

Ao proceder desta forma, o Concílio Vaticano II nada mais fez do que dar vazão ao conjunto de reflexões e de ações amadurecidas ao longo de, pelo menos, 50 anos. Porém, é preciso constatar que os processos que resultaram nessas reflexões surgiram muito antes, como poderemos observar.

1 Precedentes remotos da reforma litúrgica do Vaticano II

Como se sabe, o XIX Concílio Ecumênico, reunido na cidade de Trento, foi o evento de maior importância para a Igreja durante a Idade Moderna. Considerando o seu contexto histórico, essa assembleia conciliar apresentou um elevadíssimo grau de dificuldade em vários sentidos. Basta dizer que, contando as várias interrupções e ameaças de dissolução da assembleia conciliar, Trento se prolongou por longos 18 anos (1545-1563), tornando-se até hoje o concílio de maior duração na Igreja.[4]

---

da oração das horas. Ela prescreve uma reelaboração do ordinário da missa e uma nova e mais ampla escolha das leituras. Em relação ao problema da língua vulgar na liturgia, a Constituição traz ainda os traços do único compromisso então possível entre a tomada de posição progressista e aquela conservadora, um compromisso que permanecia aberto à possibilidade de novos desenvolvimentos. Ela estabelece (nn. 36 e 54) que seja 'conservado' no rito latino o uso do latim, mas aceita que à língua vernácula se conceda um espaço 'mais amplo' (ou 'conveniente'), 'especialmente' nas leituras, nos cantos e nas orações a serem recitadas juntamente com o povo; se para além disto se deva conceder à língua vulgar um espaço ainda maior, deve-se proceder de acordo com a competente autoridade eclesiástica, isto é, através das Conferências Episcopais, com a aprovação da Sé Apostólica". SCHATZ, Klaus. *Storia dei Concili. La Chiesa nei suoi punti focali*. Bologna: Dehoniane, 2006, p. 295s. Tradução nossa.

[4] "O concílio de Trento pode ser sinteticamente dividido em três períodos. *Primeiro período*: Paulo III, abertura em Trento, 1545; transferência para Bolonha, em março de 1547; suspensão em setembro de 1549. Sessões I-IX: Bíblia, Tradição, pecado original e justificação, número dos sacramentos, definição do batismo e da crisma; medidas de reforma: obrigação de os bispos residirem na diocese e de cuidarem

Embora o concílio de Trento tenha dado um tratamento à realidade sacramental através dos seus variados cânones e decretos de reforma, alguns aspectos da liturgia não foram abordados. Aparentemente, a necessidade do fechamento do concílio, para colocar em prática o quanto antes o projeto de reforma da Igreja, forçou a própria assembleia conciliar a delegar ao papado[5] a tarefa de reformar a liturgia através da promulgação de novos livros litúrgicos.[6] De fato, posterior-

---

do ensino da Sagrada Escritura nas catedrais e nos mosteiros. *Segundo período*: Júlio III, Trento, abril de 1551 – abril de 1552. Sessões XI-XVI: é conferida solidez dogmática aos sacramentos da eucaristia, penitência, extrema-unção. [...] *Terceiro período*: Pio IV, Trento, janeiro de 1562. Sessões XVII-XXV. Essa fase é dominada pela crise religiosa na França e pela ameaça do calvinismo, embora o concílio não examine a obra de Calvino (*Institutio Chistianae Religionis*), cuja primeira edição já estava circulando. Além de completar o programa dos sacramentos (sacrifício da missa, ordem, matrimônio), delineia-se o perfil da grande reforma do episcopado e a reforma do clero inferior e dos regulares. O problema das indulgências, que em 1517 havia detonado a reforma protestante, é tratado apressadamente na última sessão [...]". ZAGHENI, Guido. *A Idade Moderna. Curso de História da Igreja.* vol. 3. 2. ed. São Paulo: Paulus, 2011, p. 178-179.

[5] É o que se lê na XXV Sessão, a última, do Tridentino: "Na segunda sessão, celebrada sob o santíssimo senhor nosso Pio IV, o sacrossanto sínodo, tendo escolhido alguns padres, os encarregou de fazer propostas em relação às várias censuras e aos livros suspeitos ou perigosos e de referir posteriormente ao mesmo santo concílio. Tendo a notícia que eles concluíram este encargo, mas que pela variedade e o grande número de livros, este [o concílio] não pode facilmente julgá-los, um por um; ordena que todo o material preparado seja apresentado ao romano pontífice, para que seja concluído e publicado segundo o seu julgamento e pela sua autoridade. A mesma coisa ordena aos padres que foram para isso encarregados, que se faça para o catecismo, o missal e o breviário" [grifos nosso]. CONCÍLIO DE TRENTO. Sessão XXV. Decretos Publicados no Segundo dia da Sessão. In: ISTITUTO PER LE SCIENZE RELIGIOSE. *Conciliorum Oecumenicorum Decreta.* Bologna: EDB, 2002, p. 797. Tradução nossa.

[6] O Breviário Romano foi editado em 1568; o Missal Romano em 1570 e o Pontifical Romano em 1596. Com estes livros construiu-se o fundamento da unificação litúrgica tridentina, posteriormente houve a publicação do Cerimonial dos Bispos em 1600 e a publicação do Ritual Romano em 1614. Além disso, o Papa Sisto V cria a Sagrada

mente ao concílio de Trento, esses livros serão efetivamente produzidos e implementados ao longo de vários papados. Através da impressão[7] e da divulgação dos livros litúrgicos, a reforma tridentina pôs término à grande quantidade de ritos que, por vezes, continham consigo abusos. Houve, porém, o cuidado de se respeitar os ritos que se haviam desenvolvido e que eram percebidos como legitimamente constituídos, seja por sua antiguidade, seja por sua coerência.[8]

A partir da reforma litúrgica promovida dentro do espírito do tridentino, no afã de defender o decoro e a sã doutrina nas celebrações litúrgicas,[9] houve um forte acento na

---

Congregação dos Ritos em 1588, com a missão de vigiar e zelar pelo cumprimento das normas litúrgicas.

[7] Naturalmente há que se relevar o papel fundamental da invenção da imprensa de Johannes Guttemberg, cerca de um século antes. Sem a profusão dos livros, dificilmente a reforma tridentina teria tido a eficácia e a rapidez necessárias para se estender a toda a Igreja.

[8] Na introdução do *Missale Romanum* de 1570, ao fixar uma tradição de dois séculos como medida para a continuidade de determinados ritos, a bula *Quo primum tempore* de S. Pio V demonstra o cuidado de não extinguir ritos venerandos como, por exemplo, o rito ambrosiano: "[...] Não entendemos, todavia, de algum modo privar de seu ordenamento aquelas, dentre as supramencionadas Igrejas que, ou desde o tempo de sua instituição, aprovada pela Sé Apostólica, ou em força de um costume, possam demonstrar um rito próprio ininterruptamente observado por mais de duzentos anos. Todavia, se ainda estas Igrejas preferissem fazer uso do Missal que agora publicamos, Nós permitimos que estas possam celebrar as Missas conforme o seu ordenamento, com a única condição que se obtenha o consentimento do Bispo, ou do ordinário e de todo Capítulo". Tradução nossa. O texto completo da bula encontra-se disponível no idioma italiano em http://www.cattolicesimo.com/dottrinacattolica/magistero/encicliche/San-PioV/txt/QUO_PRIMUM_TEMPORE.htm, acesso em 16.12.2013. Ao assumir essa postura, fica claro por que alguns ritos no âmbito da igreja latina tenham sobrevivido à reforma do tridentino, como o rito dos dominicanos, ou dos cartuxos etc...

[9] Veja-se, por exemplo, a iniciativa do Cardeal São Carlos Borromeu à frente da diocese de Milão: ele estendeu essas preocupações até mesmo para o espaço litúrgico. BORROMEI, Caroli. *Instructionum fabricae et supellectilis ecclesiasticae*. Città Del Vaticano: Libreria Editrice Vaticana, 2000.

preocupação da observância das rubricas[10] contidas nos livros litúrgicos. Essa preocupação deu origem a um processo de "enrijecimento" que, mais tarde, os liturgistas denominariam "rubricismo".

De fato, nos 400 anos seguintes ao concílio de Trento, notou-se paulatinamente que o imobilismo no campo da liturgia imperava por sobre toda a Igreja, gerando dificuldades tanto no âmbito do diálogo interno como no diálogo com a sociedade, dadas as novas exigências aportadas através das transformações em curso no mundo moderno/contemporâneo.

Ainda no século XVIII, perante as transformações que ocorriam no tecido social, por ocasião do advento do Iluminismo, houve quem tentasse uma nova reforma litúrgica, mas sem grandes resultados.[11] Malgrado algum fracasso, a percepção da necessidade de uma recuperação da defasagem no campo da liturgia continuou a se fazer presente ainda ao longo do século XIX. São desse período, por exemplo, as

---

[10] O termo "rubrica" é uma referência ao pigmento vermelho utilizado na antiguidade para escrever sobre os livros. Normalmente são indicações para o bom andamento da liturgia e, em geral, nunca devem ser lidas em voz alta. Cf. BERGER, Rupert. *Dicionário de Liturgia Pastoral*. São Paulo: Loyola, 2010, p. 359.

[11] É o caso do Sínodo realizado na cidade italiana de Pistoia em 1786. Sob influência do Iluminismo este Sínodo particular propunha, dentre outras coisas, no campo litúrgico a existência de um único altar "em cada templo, participação dos fiéis, abolição da cobrança pela missa, redução das procissões, música simples, grave e adaptada ao sentido das palavras, ornamentação que não ofenda nem distraia o espírito, reforma do breviário e do missal, um novo ritual, redução do excessivo número de festas, leitura em um ano da Sagrada Escritura no ofício etc." BASURKO, Xabier. De Trento ao Movimento Litúrgico. In: BOROBIO, Dionisio (org.). *A celebração na Igreja*, v. 1. São Paulo: Loyola, 1990, p. 120. Infelizmente, junto às boas propostas, esse Sínodo propôs elementos julgados heréticos, o que culminou com a condenação dessa iniciativa local por parte do magistério universal.

agudas constatações do Bem-aventurado Antonio Rosmini (1797-1855).[12]

Ao longo do século XIX, teremos ainda a grande figura do abade de Solesmes, D. Próspero Guéranger (1805-1875), que com sua iniciativa de restauração da liturgia romana abrirá caminho para a renovação e o início de um processo mais amplo de mudança na liturgia. De fato, esse processo de renovação e transformação está marcado particularmente pela ação de São Pio X (1835-1914), que no início do século XX, através de seu *motu proprio Tra le sollecitudini*,[13] promulgado em 22 de novembro de 1903, proporia a liturgia como fonte autêntica da piedade cristã na vida dos fiéis.

A ação de São Pio X, muito provavelmente sem que ele tivesse plena consciência disso, colocou mais um grão de fermento no processo de amadurecimento das consciências, despertando-as para o fato de que era possível alguma mudança; que a busca por novas dinâmicas que melhor se coadunassem às exigências de uma liturgia celebrada e melhor participada pelos fiéis era possível. Desse modo, poucos anos depois da promulgação do *motu proprio* de São Pio X, a ideia da *actuosa participatio* – isto é, a participação ativa dos fiéis (na liturgia) –, presente de modo germinal no texto do pontífice, começou a ser aprofundada e desenvolvida a partir de Malines, na Bélgica.

Malines aparece para os historiadores da liturgia como o berço do Movimento Litúrgico.[14] É precisamente aí, em

---

[12] A sua obra intitulada *Dalle cinque Piaghe della Santa Chiesa* (Sobre as cinco chagas da Santa Igreja), publicada no ano de 1848, traz uma crítica à situação da Igreja naquele momento. A primeira "chaga" rosminiana é a constatação da divisão entre clero e povo no culto público. Rosmini chega a propor a instrução para que o povo melhor compreenda a liturgia através, inclusive, do uso de missais na língua vernácula para que o povo pudesse compreender a santa missa.

[13] PIO X, *Motu Proprio Tra le sollecitudini* (22 nov. 1903). In: *ASS* 36 (1903-1904) 329-339.

[14] Para uma visão mais geral a propósito do Movimento Litúrgico, ver BOTTE, Bernard. *O Movimento Litúrgico: testemunho e*

1909, durante a reunião do Congresso Nacional *des oeuvres catholiques*, que ele nasce através da ação concreta dos monges beneditinos e, mais precisamente, do monge D. Lambert Beaudouin (1873-1960), considerado por muitos como o pai do Movimento Litúrgico.

Da Bélgica, o Movimento Litúrgico foi se expandindo para a França e para a Alemanha, onde nomes, hoje bastante conhecidos, se incorporaram ao movimento. Basta pensar em D. Odo Casel (1886-1948),[15] no Pe. Pius Parsch (1884-1954),[16] no Pe. Romano Guardini (1885-1968)[17] e outros,[18] que tanto contribuíram para a reflexão teológica do primeiro período do Movimento Litúrgico.

A grande preocupação que norteava as discussões do Movimento Litúrgico, *grosso modo*, poderia ser sintetizada na constatação de tornar a liturgia uma celebração viva,

---

recordações. São Paulo: Paulinas, 1978; para a história do Movimento Litúrgico no Brasil, ver SILVA, José Ariovaldo da. *O movimento litúrgico no Brasil: estudo histórico*. Petrópolis: Vozes, 1983.

[15] Depois de tantas décadas, o Brasil teve a publicação de uma obra de D. Odo Casel a qual marcou profundamente a teologia litúrgica tornando-se um texto clássico para quem estuda a liturgia: CASEL, Odo. *O mistério do culto no cristianismo*. São Paulo: Loyola, 2009.

[16] D. Pius Parsch contribuiu enormemente para a maior compreensão da liturgia por parte do povo através de algumas obras singelas e que logo conheceram sua tradução para a língua portuguesa graças, em boa medida, à ação do Movimento Litúrgico no Brasil: PARSCH, Pius. *Para entender a missa*. Rio de Janeiro: Lumen Christi, 1935.

[17] O padre ítalo-alemão Romano Guardini deu uma contribuição duradoura ao Movimento Litúrgico. Sua obra mais conhecida é o *Espírito da Liturgia*, que conheceu inúmeras edições. O seu pensamento representou uma etapa importante para o que seria a futura Reforma litúrgica do Vaticano II.

[18] Outros nomes importantes ligados ao Movimento Litúrgico são o abade D. Ildefonso Herwegen, o Cardeal Schuster de Milão, o grande historiador da liturgia Leo Cunibert Mohlberg, o monge beneditino D. Bernard Botte, Pierre Jounel, Michel Andrieu, Anton Baumstark, Pierre Batiffol e tantos outros que colaboraram ativamente com suas reflexões para o movimento em suas várias fases.

celebrada de modo que os ritos pudessem melhor comunicar aos homens do século XX o grande mistério do Cristo morto e ressuscitado. Para tanto, havia a exigência de tornar a liturgia o centro da vida cristã, a verdadeira fonte donde haurir o verdadeiro nutrimento para a fé. Para que isso se concretizasse mais plenamente, era preciso também buscar os fundamentos da ação litúrgica, principalmente através de estudos histórico-teológicos, com a finalidade precípua de atingir em profundidade o mistério celebrado.[19]

Toda essa atividade e reflexão levaram à ampliação de uma consciência renovada sobre a liturgia da Igreja, de modo que, em 1947, o Papa Pio XII (1876-1958) resolve dar uma contribuição do Magistério em favor das discussões sobre a liturgia, reconhecendo oficialmente a importância do Movimento Litúrgico ao promulgar em 20 de novembro desse ano a encíclica *Mediator Dei*.[20]

Com a *Mediator Dei*, o magistério de Pio XII assinalava uma guinada na mentalidade rubricista que tendia a considerar a liturgia apenas pelo seu aspecto exterior[21] e se posicionava favoravelmente aos estudos, discussões e ao ulterior aprofundamento que o Movimento Litúrgico trazia à liturgia.[22] De fato, Pio XII se coloca como o antecedente mais

---

[19] Veja-se, por exemplo, os estudos do padre jesuíta Josef Andreas Jungmann (1889-1975) sobre a evolução da missa ao longo da história. Esses estudos realizados ainda antes do Concílio Vaticano II foram fundamentais para a reforma do *Ordo missae* de Paulo VI. JUNGMANN, Josef Andreas. *Missarum Sollemnia*. São Paulo: Paulus, 2009.

[20] PIO XII. *Mediator Dei*. Carta Encíclica sobre a Sagrada Liturgia (20.11.1947). In: *AAS* (1947) 548-580.

[21] "Não têm, pois, noção exata da sagrada liturgia aqueles que a consideram como parte somente externa e sensível do culto divino ou como cerimonial decorativo; nem se enganam menos aqueles que a consideram como mero conjunto de leis e preceitos com que a hierarquia eclesiástica ordena a realização dos ritos". PIO XII. *Mediator Dei*, n. 22.

[22] "O Movimento Litúrgico surge como um sinal das disposições providenciais de Deus para o tempo presente, como uma passagem do

próximo da reforma litúrgica do Vaticano II, já que, sob o seu pontificado, uma série de medidas foram adotadas com a finalidade de adequar a liturgia às exigências dos tempos hodiernos.[23]

Sem dúvida, essas ações do Papa Pio XII colaboraram em muito para que os trabalhos do Concílio Vaticano II iniciassem pela questão litúrgica.

2 O Concílio Vaticano II e o texto da *Sacrosanctum Concilium*

Como se sabe, a convocação de um concílio por parte do Papa João XXIII (1881-1963) foi algo inesperado[24] e que

---

Espírito Santo em sua Igreja, para aproximar os homens dos mistérios da fé na vida litúrgica". Discurso de 22 de setembro de 1956 do Papa Pio XII aos participantes do Congresso Internacional de Liturgia Pastoral, realizado na cidade de Assis (Itália). Apud BASURKO, Xabier, De Trento ao Movimento Litúrgico, p. 135.

[23] "Enumeramos: a Instrução sobre a formação do clero no ofício divino (1945); a extensão ao sacerdote, em alguns casos, da faculdade de confirmar (1946); a multiplicação dos rituais bilíngues, sobretudo a partir de 1947; a determinação da matéria e da forma do diaconato, dos presbiterato e do episcopado (1948); a reforma da vigília pascal (1951) e do jejum eucarístico (1953 e 1957); nas mesmas datas a introdução das missas vespertinas; a reforma da Semana Santa (1955); lecionários bilíngues, a partir de 1958. A obra litúrgica do Papa Pacelli é coroada, em 1958, com a *Instrução sobre a música sagrada e a liturgia* [...]" Ibid., p. 134.

[24] "O anúncio do concílio foi acolhido pelos cardeais presentes com 'um impressionante e devoto silêncio' que em seguida João XXIII teria recordado mais vezes. Aos outros 57 cardeais não presentes [ao anúncio do papa], o secretário de Estado transmitiu o texto escrito do discurso. Poucos manifestaram alguma reação. [...] Até mesmo os cardeais Lercaro e Montini, homens abertos, permaneceram num primeiro momento desconcertados. Para Lercaro, que falou de 'imprudência' e de 'inexperiência' cf. F. DREYFUS, Paul. *Jean.XXIII*. Paris: Fayard, 1979, p. 205. "Montini teria manifestado a sua primeira reação dizendo: 'aquele santo homem não se dá conta que se coloca num vespeiro'. FAPPANI, Antonio;. MOLINARI, Franco. G. B.

ocasionou certo mal-estar nas estruturas da Cúria Romana. Após o anúncio, houve um intenso momento de preparação e de consulta ao espicopado mundial sobre os grandes temas a serem tratados no concílio.

A decisão de começar os trabalhos do concílio pela liturgia deve ter sido tomada em base a múltiplos fatores,[25] como, por exemplo, a "pouca importância" da liturgia na concepção de alguns padres conciliares, o maior entrosamento devido ao acúmulo de 50 anos de discussões levadas adiante pelo Movimento Litúrgico, as experiências de reforma na liturgia operadas pela Comissão de Pio XII etc...

Certamente esses fatores devem ter convergido para uma primeira abordagem através da liturgia, de modo que, à guisa de experiência diante dos enormes problemas que uma assembleia como aquela do Vaticano II poderia suscitar[26]

Montini Giovane. Torino: Marietti, p. 171". Apud SCARDILLI, Pietro Damiano. *I nuclei ecclesiologici nella Costituzione Liturgica del Vaticano II*. Tese – Gregoriana. Roma: Editrice Pontificia Università Gregoriana, 2007, p. 99.

[25] Interessantes as notícias que Melloni nos dá sobre este aspecto: "Na realidade, quando um ano antes se havia decidido iniciar os trabalhos do Vaticano II pelo esquema *De liturgia*, nem todos haviam ficado entusiastas ou tinham se persuadido por esta escolha. Por que "começar com a liturgia?"- perguntava-se aos 18 de outubro de 1962 o Cardeal Montini numa importante carta endereçada ao Secretário de Estado. Pergunta legítima, já que a decisão de abordar *in primis* aquele documento [o esquema *De liturgia*], [...] havia sido tomada sobretudo para não começar a discutir os documentos que a máquina preparatória considerava mais 'importantes'". MELLONI, Alberto. *Sacrosanctum Concilium 1963-2003* – Lo spessore storico della reforma litúrgica e La ricezione del Vaticano II. Disponível in http://www.rivistaliturgica.it/upload/2003/articolo6_909.asp. Acesso em: 10 nov. 2013. Por "mais importantes", entenda-se os esquemas sobre a Eclesiologia e sobre as Fontes da Revelação.

[26] Além da multiculturalidade presente na assembleia, o número de padres presentes deve ter inspirado grandes preocupações para a organização e o andamento pragmático dos trabalhos durante as Sessões do Concílio Vaticano II. Apenas a título de ilustração: consta que Niceia I contou com cerca de 300 padres conciliares; Trento, no seu último período, havia atingido a marca de 237 padres conciliares. Mesmo o

perante os "grandes temas" a serem desenvolvidos, a liturgia aparecia como o "balão de ensaio" ideal.

Para o período dos trabalhos que levaram à confecção do texto-base do esquema *De Liturgia*, ainda serve como fonte o relato[27] de Annibale Bugnini (1912-1982), este, por sua vez, infelizmente, até o momento inédito no Brasil. Nessa obra, Bugnini nos dá a conhecimento as principais etapas da confecção do texto base que resultaria, ao final, do processo na *Sacrosanctum Concilium*:

> Em 25 de janeiro de 1959, na Basílica de São Paulo, o Papa João XXIII anunciou o Concílio Ecumênico Vaticano II. Em 06 de junho de 1960, o Cardeal Gaetano Cicognani era nomeado presidente da comissão litúrgica preparatória; em 11 de julho de 1960 foi nomeado

---

Vaticano I, realizado no final do século XIX, contou com cerca de 750 padres. Só a cerimônia de abertura do Vaticano II foi realizada perante a presença de 2.548 padres conciliares. Nosso grande amigo, D. Emanuele Bargellini, prior da comunidade dos monges camaldulenses em Mogi das Cruzes-SP, teve a graça de testemunhar o evento *in loco*; presente enquanto jovem monge acompanhando o prior de Camáldoli no concílio, disse-nos, com vivas palavras, da grande impressão que causava às pessoas em geral a entrada da enorme fila de bispos dentro da basílica de São Pedro. O Vaticano II chegou a atingir a marca máxima de 3.058 membros presentes na grande sala conciliar, sendo até o momento o concílio com o maior número de participantes na história da Igreja.

[27] A edição original foi publicada em italiano junto às Edizioni Liturgiche de Roma: BUGNINI, Annibale. *La riforma liturgica: 1946-1975*. Roma: Edizioni Liturgiche, 1997, 1002 pp. Neste artigo utilizaremos a tradução espanhola, publicada pela BAC em dois volumes: BUGNINI, Annibale. *La reforma de la liturgia: 1948-1975*. Madrid: BAC, 1999, 2 vols. Para uma história da liturgia no Concílio Vaticano II, veja-se também MARTIMORT, Aimé Georges. L'histoire de la reforme liturgique à travers le témoinage de Mgr. Annibale Bugnini. *La Maison Dieu* 162 (1985) 125-155 e GIAMPIETRO, Nicola. *Il cardinale Antonelli e gli sviluppi della riforma liturgica dal 1948 al 1970*. Roma: Pontificio Ateneo Santo Anselmo, 1998.

secretário o Padre Annibale Bugnini, c. m. E a organização do trabalho começou em seguida.[28]

Bugnini continua seu texto informando que a comissão preparatória do esquema estava constituída por 65 pessoas, entre membros e consultores. Na comissão trabalharam desde peritos no campo da investigação da ciência litúrgica até pessoas com grande experiência pastoral. Além da presidência do Cardeal Cicognani e a secretaria de Mons. Bugnini, a comissão contou com a assistência de Pe. Carlo Braga e Pe. G. Tautu.[29]

Os trabalhos foram depois divididos em várias subcomissões, que foram compostas pela fina flor de liturgistas: Cipriano Vagaggini, Josef A. Jungmann, Ignácio Oñatibia, Bernard Capelle, Bernard Botte, Mario Righetti, Pierre Jounel, dentre outros. Para a honra do Brasil, Mons. Joaquim Nabuco do Rio de Janeiro participou das subcomissões, chegando a ser relator da *De arte sacra*.[30]

---

[28] BUGNINI, Annibale. *La riforma litúrgica*, p. 13.

[29] Em relação aos liturgistas que fizeram o concílio e que deveriam ser mais conhecidos no Brasil, há que se dizer que no conjunto da comissão figura também o nome do cônego Aimé Georges Martimort. Quanto a Salvatore Marsili, Bugnini nos fala de sua presença apenas em data mais avançada, quando o concílio já havia começado seus trabalhos: "Os Padres [conciliares] puderam estudar o tema a fundo, com a ajuda de numerosos liturgistas vindos a Roma de diversas partes do mundo: dentre outros, Schmidt, S. J. (25 de outubro), *Marsili, O.S.B. (3 de novembro)* [grifos meus], Gy, O.P. (15 de novembro) [...]" Ibid., p. 28.

[30] Cf. Ibid., p. 15. É preciso lembrar aqui a participação ativa de Dom Clemente Isnard durante os trabalhos conciliares. Muito provavelmente, a presença de Monsenhor Joaquim Nabuco se deve em alguma medida à ação de Dom Clemente, o qual, em 1964, para a grande glória do Brasil será nomeado membro do *Consilium ad exsequendam constitutionem de sacra liturgia*, o grupo encarregado de aplicar concretamente os princípios gerais da *Sacrosanctum Concilium* à liturgia.

Depois de inúmeras discussões sobre os conteúdos e sobre a forma de expressão a ser usada no documento,[31] Bugnini diz que o esboço final chega às mãos do presidente da comissão:

> Depois da sessão plenária de 11-14 de janeiro de 1962, a secretaria da comissão dedicou-se à redação e transcrição do texto definitivo. No dia 22 de janeiro a cópia oficial estava já sobre a mesa do presidente da comissão, o cardeal Gaetano Cicognani, para a aposição de sua assinatura. Ele a recebeu com alegria e com temor. Como sempre, quando se tratava de tomar uma decisão comprometedora, ele duvidou e quis voltar a ler toda a cópia. Passou uma semana. Finalmente, no dia 1 de fevereiro de 1962 ele a assinou e a fez chegar até a secretaria do concílio. Foi o seu último ato oficial. Quatro dias depois retornava à "casa do Pai".[32]

---

[31] D. Cipriano Vagaggini nos dá uma boa ideia das discussões sobre as escolhas terminológicas usadas no texto daquela que viria a ser a *Sacrosanctum Concilium*: "Esta circunstância [uma preocupação dos redatores em função do ecumenismo] deu origem a curiosas dificuldades na redação do primeiro capítulo [da Constituição]. No artigo 5, onde se explica, mediante expressões bíblicas e patrísticas, o conceito de Cristo como *sacramentum* primordial da nossa salvação, houve grande luta para decidir se convinha dizer que a humanidade de Cristo, na unidade da Pessoa do Verbo, era 'instrumento ou causa instrumental de nossa salvação', como queriam os 'escolásticos' ou se era necessário falar apenas de 'causa de nossa salvação' como entendiam os anticonceptualistas, por razões – diziam eles – ecumênicas. Ao princípio venceram estes últimos. Acontece, porém, que a expressão patrocinada por estes foi tão alvejada por parte dos Padres na discussão conciliar, ao ponto de ser necessário o retorno à expressão 'instrumentum'. Entretanto a palavra só foi aceita quando se demonstrou que a chamada 'fórmula escolástica' não era outra coisa senão a repetição de um termo largamente usado pelos Padres". VAGAGGINI, Cipriano. Vista panorâmica sobre a Constituição Litúrgica. In: BARAÚNA, Guilherme (org.) *A sagrada liturgia renovada*, p. 164.

[32] Ibid., p. 22.

No lugar de Cicognani, assumiria o Cardeal Arcádio Larraona, que iria presidir a Comissão litúrgica dentro do Concílio Vaticano II. Nessa comissão – da qual já fazia parte também o Cardeal Giacomo Lercaro – assumiu como secretário o Pe. Ferdinando Antonelli, ofm, e a tarefa desta comissão era a de revisar o esquema preparatório à constituição, conforme chegavam as emendas ou as modificações propostas pelos padres conciliares.[33]

Para que isso acontecesse, o texto-base foi apresentado na assembleia conciliar pela primeira vez no dia 22 de outubro de 1962. Na ocasião, o Pe. Antonelli apresentou aos padres os critérios hermenêuticos do esquema *De liturgia* para que as observações dos padres conciliares pudessem ser feitas da melhor maneira possível, isto é, sem a perda de tempo com observações que, de fato, o texto apresentado não iria tratar. Para tanto, o esquema observava pelo menos cinco pontos em relação aos conteúdos do texto: 1) máxima fidelidade à Tradição da Igreja; 2) limitação do texto aos princípios gerais da reforma litúrgica; 3) as normas práticas e as rubricas deviam brotar dos princípios doutrinais; 4) necessidade da formação litúrgica do clero; 5) promoção da participação dos fiéis. As grandes ideias poderiam ser sintetizadas em três pontos: tradição; formação e participação.[34]

Após as várias votações para as modificações do texto, no dia 22 de novembro de 1963, por ocasião do 60º aniversário do *motu proprio* de São Pio X, *Tra le sollecitudini*, o

---

[33] Um breve histórico dessas modificações está disponível no artigo de Kloppenburg, na obra já citada de Frei Guilherme Baraúna: KLOPPENBURG, Boaventura. Crônica das emendas da Constituição. In: BARAÚNA, Guilherme (org.) *A sagrada liturgia renovada*, p. 95-119. Veja-se também BUGNINI, Annibale. *La riforma litúrgica*, p. 30-33.

[34] ARCAS, Juan Javier Flores. La *Sacrosanctum Concilium*: historia, naturaleza, recepción y reticencias. *Revista de Teología y Catequesis* 121 (2012) 125.

esquema geral passou por sua penúltima votação para saber se, seguindo o regimento do concílio, o mesmo esquema seria aprovado para ser submetido a uma última votação perante o Papa Paulo VI e daí para a sua promulgação solene. A votação foi favorável, recebendo apenas 20 votos contrários. Numa quarta feira, 4 de dezembro de 1963, na presença do papa, procedeu-se à última e definitiva votação:

> O secretário-geral, Mons. Felici, leu do princípio ao fim cada um dos capítulos [do esquema]. Logo se fez a votação. O resultado foi: 2.147 votos a favor e 4 contrários. Por fim o papa procedeu à solene aprovação e promulgação "uma *cum Concilii Patribus*". Quando o secretário-geral do concílio, Mons. Pericle Felici, anunciou o resultado da votação, um prolongado e interminável aplauso, cujo eco se repetia uma e outra vez, de tribuna a tribuna, nas amplas naves, nos espaços imensos da basílica, se acolheu a fórmula ritual do prelado: Santíssimo Padre, a Constituição litúrgica foi aprovada pelos padres por 2.147 votos a favor e 4 contrários. Aquele foi um momento emocionante. Um momento histórico.[35]

Em seu belíssimo discurso de fechamento à segunda sessão do concílio, feito logo em seguida, Paulo VI soube como poucos captar a importância do momento:

> Não ficou sem fruto a discussão difícil e intrincada, pois um dos temas — o primeiro a ser examinado e o primeiro, em certo sentido, na excelência intrínseca e na importância para a vida da Igreja —, o da sagrada Liturgia, foi felizmente concluído e é hoje por nós solenemente promulgado. Exulta o nosso espírito com este resultado. Vemos que se respeitou nele a escala dos valores e dos deveres: Deus, em primeiro lugar; a oração, a nossa primeira obrigação; a liturgia, fonte primeira da vida

---

[35] BUGNINI, Annibale. *La riforma litúrgica*, p. 33.

divina que nos é comunicada, primeira escola da nossa vida espiritual, primeiro dom que podemos oferecer ao povo cristão que junto a nós crê e ora, e primeiro convite dirigido ao mundo para que solte a sua língua muda em oração feliz e autêntica e sinta a inefável força regeneradora, ao cantar conosco os divinos louvores e as esperanças humanas, por Cristo Nosso Senhor e no Espírito Santo. [...]. Se introduzimos agora alguma simplificação nas expressões do nosso culto e se procuramos torná-lo mais compreensível ao povo fiel e mais adaptado à sua linguagem atual, não quer dizer que pretendamos diminuir a importância da oração, colocá-la depois d'outros cuidados do ministério sagrado ou da atividade pastoral, nem ainda empobrecê-la na sua força expressiva e no seu valor artístico; queremos apenas torná-la mais pura, mais genuína, mais próxima das suas fontes de verdade e de graça, mais capaz de se tornar patrimônio espiritual do povo. Para que isso se realize, desejamos que ninguém altere a regra da oração oficial da Igreja com reformas privadas ou ritos particulares, que ninguém se atreva a antecipar arbitrariamente a aplicação da Constituição litúrgica por nós hoje promulgada, antes que sejam dadas instruções oportunas e autorizadas e estejam devidamente aprovadas as reformas, que serão confiadas aos respectivos organismos pós-conciliares. Assim, pois, que a nobreza da oração eclesiástica ressoe em acorde harmonia por todo o mundo: que ninguém venha perturbá-la, que ninguém a ofenda.[36]

---

[36] O discurso completo está disponível no site do Vaticano: http://www.vatican.va/holy_father/paul_vi/speeches/1963/documents/hf_p-
-vi_spe_19631204_chiusura-concilio_po.html. Acesso em: 09 nov. 2013.

Consideração final

Sem dúvida alguma, o texto da *Sacrosanctum Concilium* representa uma "grande dádiva para a Igreja",[37] uma dádiva que, depois de 50 anos, ainda carece de ser totalmente implementada. Apesar dos avanços havidos ainda há muito que se fazer, tanto no campo da formação dos clérigos quanto com respeito à participação dos fiéis leigos na liturgia da Igreja. Embora o texto tenha suscitado múltiplas incompreensões e inúmeros ataques internos e externos, a Constituição conciliar sobre a liturgia continua sendo um grande sopro do Espírito que ainda tem muito a dizer à nossa geração e, com certeza, ainda às gerações mais jovens.

---

[37] Ver JUNGMANN, Josef Andreas. Uma dádiva inapreciável de Deus à sua Igreja. In: BARAÚNA, Guilherme (org.) *A sagrada liturgia renovada*, p. 121-126.

Liturgia no coração do mundo de hoje

Novo jeito de ser Igreja, novo jeito de celebrar a partir da *Gaudium et Spes*

Ione Buyst*

Prelúdio

Anunciamos, Senhor, a vossa morte
e proclamamos a vossa ressurreição.
Vinde, Senhor Jesus!
Anunciamos, Senhor, a vossa morte acontecendo na morte das vítimas da desigualdade social e das guerras provocadas para incrementar o lucro com a venda de armamentos; na morte dos moradores de rua assassinados, queimados, enterrados vivos; na morte de povos indígenas impedidos de recuperar suas terras ancestrais; na morte de milhares de usuários de drogas, de vidas abortadas antes do nascimento, na morte de vítimas da fome, da falta de saneamento básico, de um trânsito violento...
Proclamamos, Senhor, a vossa ressurreição naqueles que conseguem dar a volta por cima da pobreza, da falta de tudo na vida, da mágoa, da cobiça e da vontade

---

* Ione Buyst é doutora em Teologia (Liturgia), atua em cursos de teologia e na formação litúrgica, tanto na área acadêmica como na pastoral. Tem vários livros e artigos publicados.

de vingança, da inércia e da falta de vontade de viver e lutar; naqueles que promovem o direito e condições de vida digna, cidadania e paz entre povos e culturas; naqueles que promovem e trabalham para instaurar estruturas de justiça e do bem-viver, naqueles que trabalham para recuperar o equilíbrio ecológico de nossa mãe terra... Vinde, Senhor Jesus! Não nos deixeis cair no indiferentismo, no individualismo, no egoísmo. Despertai em cada um e cada uma de nós a bondade, o bem-querer, a solidariedade, o amor que acredita, sonha e trabalha por um mundo melhor para todos e todas, em igualdade, em fraternidade universal, na diversidade de povos, culturas, tradições religiosas... Queremos, Senhor, celebrar nossas liturgias de modo a manter viva vossa "memória perigosa" no mundo, nas Igrejas, em cada um e cada uma de nós, para que venha e desabroche o vosso Reino. A páscoa é possível, já está acontecendo.

Introdução[1]

A Constituição sobre a Sagrada Liturgia, *Sacrosanctum Concilium* (SC), foi o primeiro documento promulgado pelo

---

[1] Texto elaborado a partir de palestra realizada na 27ª Semana de Liturgia (14-18 de outubro de 2013) em São Paulo, organizada pelo Centro de Liturgia Dom Clemente Isnard, em parceria com o UNISAL (Centro Universitário Salesiano de São Paulo), *Campus* Pio XI e Rede Celebra. Outros três textos da autora sobre o mesmo tema: 1) "A liturgia renovada pelo Concílio Vaticano II: novos enfoques a partir da Constituição Pastoral *Gaudium et Spes* sobre a Igreja no mundo de hoje" (para o Encontro nacional de formação da Rede Celebra, Fortaleza, 15-22 de julho de 2012). In: http://www.redecelebra.com.br/sc.php?id=10; 2) "Liturgia para a sociedade que queremos, de acordo com o Vaticano II". In: União Marista do Brasil. *Utopias do Vaticano II: Que sociedade queremos?* – Diálogos. São Paulo: Paulinas; União Marista do Brasil, 2013, p. 107-124; 3) "Recordação da vida: um novo elemento ritual para uma liturgia 'ligada à vida'". In: VV.AA. *A esperança dos pobres vive; coletânea em homenagem aos 80 anos de José Comblin*. São Paulo: Paulus, 2003, p. 377-387.

Concílio Vaticano II, em 4 de dezembro de 1963. Levando em conta o caráter unitário do magistério do Concílio Vaticano II,[2] chamo a atenção para as exigências que se impõem no modo de celebrar e compreender a liturgia a partir da Constituição Pastoral *Gaudium et Spes*, sobre a Igreja no mundo de hoje" (GS), promulgada três anos mais tarde, na última sessão do concílio, em 7 de dezembro de 1965. Num primeiro momento apresento o sumário da GS e destaco alguns artigos daquela constituição que me parecem fundamentais para o nosso tema. Num segundo momento, lembro sumariamente como a chamada "recepção criativa" do Concílio Vaticano II, a partir de Medellín,[3] influenciou a maneira de sermos Igreja e de celebrarmos e compreendermos a liturgia na América Latina e, mais especificamente, no Brasil – e da qual, infelizmente, a prática pastoral atual tem se afastado bastante. Seguem elementos teológico-litúrgicos e indicações práticas para uma liturgia que seja, de fato, cume e fonte da vida da Igreja, também em sua missão no mundo de hoje; uma liturgia que expresse e alimente o sacerdócio dos batizados, assumido na vida pessoal, familiar, profissional, social, política; uma liturgia dócil ao Espírito e atenta aos sinais dos tempos, ao mistério pascal acontecendo na história atual.

---

[2] Cf. ALBERIGO, Giuseppe. A Constituição *Gaudium et Spes* no quadro do Concílio Vaticano II. In: BARAÚNA, Guilherme (org.). *A Sagrada Liturgia renovada pelo Concílio*. Petrópolis: Vozes, 1964, p. 170-196.

[3] II Conferência Geral do Episcopado para a América Latina realizada em Medellín, Colômbia, em 1968 e resultando no Documento de Medellín: CELAM. *A Igreja na atual transformação da América Latina à luz do Concílio Vaticano II: Conclusões de Medellín*. 8. ed. Petrópolis: Vozes, 1985.

1 Constituição Pastoral *Gaudium et Spes* sobre a Igreja no mundo de hoje

1.1 Sumário do Documento

Trata-se de um texto bastante extenso (93 artigos), organizado da seguinte forma: no proêmio, aponta para a atitude fundamental de *solidariedade* da Igreja com a família humana universal, destinatária das palavras do Concílio e à qual a Igreja quer *servir*. Na introdução traça a condição humana no mundo de hoje. Na primeira parte, trata da Igreja e a vocação humana: 1) a dignidade da pessoa humana; 2) a comunidade humana; 3) sentido da atividade humana no mundo; 4) a função da Igreja no mundo de hoje. Na segunda parte analisa, à luz do Evangelho, alguns problemas mais urgentes daquele tempo, apontando possíveis caminhos de solução: 1) a promoção da dignidade do matrimônio e da família; 2) a promoção da cultura; 3) a vida econômico-social; 4) a vida da comunidade política; 5) a construção da paz e a promoção da comunidade dos povos. Conclui apontando para o dever de cada fiel e das Igrejas particulares; o diálogo entre todos os homens [e mulheres]; construir o mundo e levá-lo ao seu fim.

Decididamente, o concílio enxerga a Igreja não como um organismo afastado ou isolado do "mundo", mas imerso nele, imerso na sociedade, onde seus membros devem atuar como fermento na massa, como testemunhas e servidores, em diálogo[4] com todas as pessoas, tendo em vista a "fraternidade universal" (cf. GS 3 e 91).

---

[4] O termo ocorre 17 vezes na constituição *Gaudium et Spes*.

1.2 Alguns trechos significativos da GS em perspectiva litúrgica

Ao participarmos da liturgia, como discípulos de Jesus Cristo, somos convidados a trazer, ecoando em nosso coração, a vida e as experiências das pessoas que encontramos naquele dia, naquela semana e das pessoas do mundo inteiro:

> As alegrias e as esperanças, as tristezas e as angústias dos homens [e mulheres] de hoje, sobretudo dos pobres e de todos aqueles que sofrem, são também as alegrias e as esperanças, as tristezas e as angústias dos discípulos [e discípulas] de Cristo; e não há realidade alguma verdadeiramente humana que não encontre eco no seu coração. Porque a sua comunidade é formada por homens [e mulheres], que, reunidos em Cristo, são guiados pelo Espírito Santo na sua peregrinação em demanda do reino do Pai, e receberam a mensagem da salvação para comunicá-la a todos. Por este motivo, a Igreja sente-se real e intimamente ligada ao gênero humano e à sua história (GS, n. 1).

O mistério celebrado na liturgia visa à salvação integral de cada pessoa e da humanidade como um todo, a partir do "germe divino" que foi depositado em nós:

> Trata-se, com efeito, de salvar a pessoa humana e de restaurar a sociedade humana. Por isso, o homem [ser humano] será o fulcro [eixo] de toda a nossa exposição: a pessoa humana na sua unidade e integridade: corpo e alma, coração e consciência, inteligência e vontade. Eis a razão por que este sagrado concílio, proclamando a sublime vocação do homem [ser humano], e afirmando que nele está depositado um germe divino, oferece ao gênero humano a sincera cooperação da Igreja, a fim de instaurar a fraternidade universal que a esta vocação corresponde. Nenhuma ambição terrena move a Igreja, mas unicamente este objetivo: continuar, sob a direção do Espírito Consolador, a obra de Cristo que veio ao mundo para dar testemunho da verdade, para

salvar e não para julgar, para servir e não para ser servido (GS, n. 3).

Reunidos em assembleia litúrgica conduzida pelo Espírito de Deus, escutando a Palavra de Deus e celebrando o mistério de nossa fé, somos convidados a perceber os verdadeiros sinais da presença ou da vontade de Deus em nossa realidade:

> O Povo de Deus, movido pela fé com que acredita ser conduzido pelo Espírito do Senhor, o qual enche o universo, esforça-se por discernir nos acontecimentos, nas exigências e aspirações, em que participa juntamente com os homens [e mulheres] de hoje, quais são os verdadeiros sinais da presença ou da vontade de Deus. Porque a fé ilumina todas as coisas com uma luz nova, e faz conhecer o desígnio divino acerca da vocação integral do homem e, dessa forma, orienta o espírito para soluções plenamente humanas (GS, n. 11).

Não somente os cristãos que participam da liturgia, mas todas as pessoas de boa vontade de alguma forma estão associadas no mistério pascal de Jesus Cristo, o "homem novo", que dá a todos a possibilidade de viver a lei nova do amor:

> (*Cristo, o homem novo*). Na realidade, o mistério do homem só no mistério do Verbo encarnado se esclarece verdadeiramente. [...] pela sua encarnação, ele, o Filho de Deus, uniu-se de certo modo a cada homem. [...] O cristão, tornado conforme à imagem do Filho que é o primogênito entre a multidão dos irmãos, recebe "as primícias do Espírito' (Rm 8,23), que o tornam capaz de cumprir a lei nova do amor. [...] associado ao mistério pascal, e configurado à morte de Cristo, vai ao encontro da ressurreição, fortalecido pela esperança. [...] E o que fica dito, vale não só dos cristãos, mas de todos os homens de boa vontade, em cujos corações a graça opera ocultamente. Com efeito, já que por todos morreu Cristo e a

vocação última de todos os homens é realmente uma só, a saber, a divina, devemos manter que o Espírito Santo a todos dá a possibilidade de se associarem a este mistério pascal por um modo só de Deus conhecido (GS, n. 22).

É urgente acabar com o "divórcio" entre fé e vida, entre "igrejeiros" e " engajados". Os primeiros não perdem uma missa, mas não querem saber de política, nem se interessam pelas ações sociais para humanizar a humanidade. Os "engajados", ao contrário, estão vivamente empenhados nas lutas por uma sociedade mais justa e fraterna, mas não costumam ser participantes assíduos da liturgia, talvez porque somente encontrem liturgias alienadas da realidade social. Como acabar com esse "divórcio", considerado um dos mais graves erros de nosso tempo? Como fazer a síntese vital entre fé e vida, entre liturgia e engajamento social e político?

> O concílio exorta os cristãos, cidadãos de ambas as cidades, a que procurem cumprir fielmente os seus deveres terrenos, guiados pelo espírito do Evangelho. Afastam-se da verdade os que, sabendo que não temos aqui na terra uma cidade permanente, mas que vamos em demanda da futura, pensam que podem por isso descuidar os seus deveres terrenos, sem atenderem a que a própria fé ainda os obriga mais a cumpri-los, segundo a vocação própria de cada um. Mas não menos erram os que, pelo contrário, opinam poder entregar-se às ocupações terrenas, como se estas fossem inteiramente alheias à vida religiosa, a qual pensam consistir apenas no cumprimento dos atos de culto e de certos deveres morais. Este divórcio entre a fé que professam e o comportamento cotidiano de muitos deve ser contado entre os mais graves erros do nosso tempo. [...] A exemplo de Cristo que exerceu um mister de operário, alegrem-se antes os cristãos por poderem exercer todas as atividades terrenas, unindo numa síntese vital todos os seus esforços humanos, domésticos, profissionais, científicos ou técnicos com os valores religiosos, sob cuja elevada ordenação, tudo se coordena para glória de Deus (GS, n. 43).

1.3 A herança da GS na pastoral da Igreja no Brasil

A Constituição Pastoral GS não ficou como letra morta aqui entre nós, no Brasil. A partir da base e incentivados pela CNBB e também pelo CELAM, em nível de América Latina e do Caribe, foram surgindo e crescendo várias iniciativas no sentido de, a partir de nossa fé, contribuirmos para um mundo melhor, uma sociedade mais justa e mais fraterna, principalmente a partir dos pobres, injustiçados, excluídos. Lembremos – sem preocupação com a sequência – algumas dessas iniciativas que se espalharam pelo país inteiro e deram decididamente uma nova "cara" à Igreja no Brasil: Campanha da Fraternidade (1964 em diante), Comunidades Eclesiais de Base, Pastorais Sociais e organismos associados: Afro-Brasileira, Migrantes, Povo da Rua; Pessoa Idosa; AIDS; Operária; Saúde; Pescadores, Carcerária; Mulher Marginalizada; Cáritas; CBJP (Justiça e Paz); IBRADES; CERIS; CPT (Terra); CIMI (Indígenas); Pastoral da Criança; Pastoral do Menor; Pastoral da Sobriedade; Mutirão pela Superação da Miséria e da Fome; Apostolado do Mar; Pastoral Rodoviária; Pastorais das Migrações; Pastoral dos Refugiados, Nômades, Pescadores; Movimento Fé e Política; Peregrinações ao longo do Rio São Francisco; Grito dos Excluídos; Semana Social Brasileira etc...

Vale a pena lembrar ainda algumas pessoas-símbolo que marcaram esta época com seu jeito de atuar no mundo: Papa João XXIII, Gandhi, Martin Luther King, Nelson Mandela, Madre Teresa de Calcutá, D. Helder Câmara, D. Paulo Evaristo Arns, Pe. Josimo Moraes Tavares, Santo Dias da Silva, Margarida Maria Alves, D. Oscar Romero, Ir. Dorothy Stang... e tantas outras.[5]

---

[5] Vejam outros nomes no *Ofício dos mártires da caminhada latino-americana*. São Paulo: Paulus, 2004.

1.4 Liturgias características da inserção da Igreja no mundo dos pobres na AL

Nesta mudança de atitude e atuação da Igreja no mundo de hoje, a liturgia não ficou esquecida. O já citado documento de Medellín trata da liturgia no capítulo 9 e expressa claramente a necessária relação entre liturgia e compromisso de fé na realidade social no espírito da GS:

> ... o gesto litúrgico não é autêntico, se não implica um compromisso de caridade, um esforço sempre renovado por ter os sentimentos de Cristo Jesus, e para uma contínua conversão (n. 3).

> No momento atual da América Latina, como em todos os tempos, a celebração litúrgica comporta e coroa um compromisso com a realidade humana, com o desenvolvimento e com a promoção, precisamente porque toda a criação está envolvida pelo desígnio salvador que abrange a totalidade do homem (n. 4).

> Para que a liturgia possa proporcionar plenamente essas contribuições, é necessária: a) Uma catequese prévia sobre o mistério cristão e sua expressão litúrgica [...]; e) Conduzir a uma experiência vital da união entre a fé, a liturgia e a vida cotidiana, em virtude da qual chegue o cristão ao testemunho de Cristo (n. 7).

E assim foram se desenvolvendo liturgias "ligadas com a vida", principalmente nas CEBs: celebração dominical da Palavra de Deus; ofício divino das comunidades; romarias da terra e das águas; celebrações por ocasião de ocupação de terra ou moradia; enterro e memória dos mártires e perseguidos políticos; vigílias em praça pública relacionadas com greves, jejuns, ocupações; vias-sacras, procissões, celebrações com a população de rua... etc.

Algumas características destas liturgias:[6] descentralização dos locais de celebração, participação ativa de todos e todas, informalidade, diversificação dos ministérios assumidos pelas comunidades, valorização da Palavra de Deus e nova maneira de interpretá-la, cultura popular.

Há traços de uma nova teologia litúrgica embutida nessa nova prática: 1) o povo pobre e oprimido, sujeito privilegiado da assembleia litúrgica, povo sacerdotal e primeiro destinatário da Boa-nova anunciada na liturgia; 2) o grito e o lamento do povo expressos na oração dos fiéis; 3) o Cristo presente na assembleia é o Cristo que se identifica com os pobres e manifesta sua compaixão por eles...

Textos bíblicos foram repetidos à exaustão para fundamentar e animar a relação entre liturgia e missão na sociedade; assim, por exemplo, Ex 3, Is 1,10-20, Am 5,21-25, Mq 6,6-8, Mt 25,31-46, Lc 10,29-37.

2 Elementos teológico-litúrgicos e indicações práticas: relação entre SC e GS, entre celebração litúrgica e missão dos cristãos na sociedade a serviço do Reino de Deus

1) A SC destacou a relação entre a liturgia e a história, sendo a liturgia *memorial* das ações salvadoras realizadas por Deus ao longo da história do Povo de Deus no passado e atualizadas ritualmente na celebração litúrgica. A GS, no entanto, chama a atenção para a salvação realizada por Deus nos acontecimentos *atuais* da história pessoal, comunitária, mundial, cósmica.

---

[6] Cf. BUYST, Ione. *Como estudar liturgia: princípios de ciência litúrgica*. 4. ed. São Paulo: Paulus, 2003. (Col. Liturgia e Teologia), p. 67-86.

2) A SC descreve a liturgia como sendo *celebração do mistério pascal* e fala da presença pascal transformadora de Cristo *nas ações litúrgicas*. GS aponta para o mistério pascal como sendo um acontecimento cósmico e histórico, que *perpassa toda a realidade*. Portanto, a liturgia terá que levar em conta e *expressar* essa dimensão atual da salvação apontada pela GS; deverá chamar a atenção para os "sinais dos tempos" e explicitar a *passagem (páscoa) salvadora* de Deus nestes acontecimentos atuais. Surge, então, o desafio: como sintonizar cada celebração litúrgica com a realidade de cada momento histórico, de cada grupo humano, e como *reconhecer* e *expressar* o mistério pascal presente e atuante nestas realidades?

3) Além disso, podemos dizer que a GS supõe a retomada da noção bíblica de *compromisso*, implícito na celebração memorial: a participação no memorial de Cristo, a celebração de seu mistério pascal, nos reenvia sempre de novo à missão no meio do mundo, na história atual. Como garantir e otimizar esse compromisso na missão por parte dos participantes das celebrações litúrgicas?

4) A SC recuperou o conceito bíblico de "Povo de Deus", "povo sacerdotal", sujeito das celebrações litúrgicas (cf. SC 14 e 26), Corpo de Cristo Sacerdote, no Espírito Santo, oferecendo a Deus, na liturgia, o culto público e integral (cf. SC 7). No entanto, GS faz uso do mesmo vocabulário cultual (sacerdócio e culto), referindo-se a *atividades não cúlticas*, ou seja, às atividades geralmente consideradas como "profanas". Os cristãos leigos e leigas participam do "múnus" (função) sacerdotal de Jesus Cristo e exercem esse sacerdócio – chamado de sacerdócio dos batizados – antes de tudo pelo "culto espiritual", isto é, pela vida cotidiana, profissional, social, política... vivida no Espírito. O sacerdócio vivido "no mundo" tem seu ponto culminante na ação sacerdotal do Povo de Deus na liturgia, principalmente na celebração eucarística, onde tudo é oferecido ao Pai, juntamente com a oferta (oblação) do Corpo de Cristo: "Nós vos oferecemos,

ó Pai, o pão da vida e o cálice da salvação". Assim, a vida vivida como culto espiritual, simbolizada no pão e no vinho, é a "matéria" de nossa oferta eucarística, inserida no memorial da oferta do próprio Cristo.[7] Por isso, podemos dizer que, como Povo de Deus sacerdotal, "consagramos a Deus o próprio mundo" (cf. LG 34 e GS 38). Quem vai à missa sem ter esta consciência e sem esta prática da vida cotidiana no Espírito acaba não participando de verdade da Eucaristia, sendo apenas um "estranho ou espectador mudo" de um rito, sem ter a consciência do mistério que este contém e que nele celebramos (cf. SC 48).

5) Portanto, a oferta do sacrifício de nossa vida, juntamente com a oferta de Jesus Cristo na celebração eucarística, assim como no ofício divino, supõe o sacrifício vivido no dia a dia em todas as realidades e atividades da vida. Não se pode separar o sacerdócio na liturgia do sacerdócio no "mundo" nem separar o culto, em sua expressão litúrgica-ritual, da liturgia do culto existencial vivido ao longo do dia. Ou seja, há uma complementaridade entre o culto celebrado e o culto vivido no cotidiano, assim como entre nossa ação sacerdotal na liturgia e nossa ação como sacerdotes no mundo (e do mundo).

6) De nada adianta, então, multiplicar celebrações litúrgicas sem que haja uma contrapartida na "vida" a serviço do crescimento do Reino no mundo. O contrário também é verdadeiro: nenhuma pessoa cristã deveria atuar na missão, sem expressar e atualizar constantemente sua fé pela participação no mistério de Cristo celebrado na liturgia. A SC é bem clara ao afirmar que "a liturgia é o cume para o qual tende a ação da Igreja e, ao mesmo tempo, a fonte donde emana toda a sua força" (SC 10). E explicita o duplo movimento que vai dos "trabalhos apostólicos" à participação

---

[7] Ensina-nos SC 48: "aprendam [os cristãos] a oferecer-se a si mesmos, ao oferecer juntamente com o sacerdote, não só pelas mãos dele, a hóstia imaculada".

comunitária nas celebrações litúrgicas e, em seguida, da liturgia para a atuação na sociedade: "A própria liturgia, por sua vez, impele os fiéis, que, 'saciados dos sacramentos pascais, permaneçamos unidos no vosso amor' [8] [isto é, no amor de Deus]; reza que 'conservem em suas vidas o que receberam pela fé'; a renovação da Aliança do Senhor com a humanidade na Eucaristia solicita e estimula os fiéis para a caridade imperiosa de Cristo" (SC 10).[9]

7) Vale a pena ressaltar a insistência de SC 14: "A liturgia é a primeira e necessária fonte, da qual os fiéis haurem o espírito verdadeiramente cristão". Na prática, no entanto, movimentos e pastorais oferecem uma multiplicidade de caminhos espirituais, a maioria dos quais sem enraizamento no mistério celebrado na liturgia.

8) A GS assumiu os valores da modernidade, entre os quais se destaca a autonomia do sujeito ético. "Esse enaltecimento do sujeito ético, individual ou coletivo, vai de mãos dadas com a reivindicação da liberdade, do direito ou da prerrogativa de decidir. Esse relevo dado ao sujeito deveria levar ao primado da responsabilidade, o que nem sempre ou nunca acontece."[10]

Daí a importância dada à ética na GS. Na liturgia, o espaço privilegiado da formação para a liberdade e a responsabilidade de decidir é certamente o catecumenato restaurado pela renovação conciliar (SC 64), mas ainda ausente da maioria de nossas paróquias ou comunidades.

---

[8] Oração pós-comunhão da Vigília pascal, na tradução brasileira do Missal Romano.

[9] Tradução: VATICANO II. Constituição "Sacrosanctum Concilium" sobre a Sagrada Liturgia. In: *Compêndio do Vaticano II: Constituições. Decretos. Declarações*. 26. ed. Petrópolis: Vozes, 1997.

[10] JOSAPHAT, Carlos. Uma reforma evangélica na plena fidelidade criativa ao Vaticano II. In: PASSOS, João Décio; SOARES, Afonso M. L. (org.). *Francisco: renasce a esperança*. São Paulo: Paulinas, 2013, p. 223-237; aqui p. 228. Vejam também: MELO, Amarildo José de. A Igreja em diálogo com a pós-modernidade. In: *Horizonte Teológico* 20 (2011) 9-27.

Ao longo dos anos de formação vai-se aprendendo a passar do "homem velho" para o "homem novo", na expressão de São Paulo, até poder assumir nos sacramentos da iniciação a caminhada firme no seguimento de Jesus Cristo. Trata-se de um duplo combate: uma luta interior e um engajamento a serviço da fraternidade universal na sociedade.

9) Outro espaço para essa formação da autonomia e responsabilidade do sujeito ético, de acordo com a proposta de Jesus, é a liturgia da Palavra restaurada pela renovação conciliar. Ela oferece ao povo cristão a referência necessária para perceber o mistério pascal acontecendo hoje, isto é, para fazer uma leitura teológica dos acontecimentos, para desvendar os sinais do Reino de Deus na realidade pessoal, comunitária, social. Principalmente a homilia, partindo dos textos sagrados e interpretando-os a partir dos acontecimentos atuais, é formadora da consciência ética, provocadora de atitudes de acordo com a proposta de Jesus, percebida na escuta atenta e cordial ao apelo que o Espírito suscita nos corações dos ouvintes. É apelo para que assumamos nossa responsabilidade, individual e comunitária, fazendo as escolhas certas. Como lemos em Dt 30,12: "Cito hoje o céu e a terra como testemunhas contra vós, de que vos propus a vida e a morte, a bênção e a maldição. Escolhe, pois, a vida, para que vivas, tu e teus descendentes".

10) Também a devolução da liturgia das horas (Ofício divino) ao Povo de Deus, com o canto meditativo dos salmos e cânticos bíblicos, com as preces de louvor e intercessão pelas necessidades e urgências do mundo, principalmente dos pobres... é outra ponte que liga a liturgia com a realidade pessoal, social, universal. Durante a salmodia, o texto sagrado vai dialogando em nosso coração com nossas vivências e experiências.

11) Em todas as celebrações litúrgicas, momentos propícios para fazer referência à vida, à missão, aos acontecimentos são: recordação da vida, rito penitencial, homilia, oração dos fiéis, motivação ("monição") antes da liturgia

eucarística (oferendas, oração eucarística, Pai-nosso, livrai--nos..., abraço da paz; comunhão); avisos, bênção, despedida/envio em missão. Em momentos ou situações sociais ou políticas especiais, podemos organizar *liturgias ocasionais*, extraordinárias, relacionadas com os acontecimentos. Um belo exemplo nos deu o Papa Francisco com a celebração penitencial em Lampedusa, no dia 8 de julho de 2013, chamando a atenção do mundo inteiro para a dramática situação dos refugiados africanos que, fugindo da fome ou da perseguição política em seu continente, arriscam a vida para tentar chegar ao continente europeu.[11]

Consideração final

Quais são as alegrias e esperanças, as tristezas e angústias, principalmente dos pobres, que *hoje* encontram eco em nosso coração (cf. GS 1), e como poderiam encontrar eco também em nossas liturgias? Como levar em conta em nossas celebrações a realidade dos mais pobres e explorados em nosso país, o adiamento da demarcação das terras ancestrais de povos indígenas, os conflitos no Oriente Médio, a fome na África, os desastres ecológicos no mundo inteiro...? Levar a sério e retomar as propostas do Concílio Vaticano II é uma questão de fidelidade ao Espírito que o inspirou e conduziu.

---

[11] Vejam a celebração na íntegra, http://www.youtube.com/watch?v=Wdp L-SVklwo (em inglês, 2:28:25) ou somente a homilia, em vários vídeos disponibilizados na internet; p. ex. http://www.youtube.com/watch?v=JV1TXm_r5M0 (15′39″). O texto da homilia em português: http://www.vatican.va/holy_father/francesco/homilies/2013/documents/papa-francesco_20130708_omelia-lampedusa_po.html. - Fotos do evento: http://www.photogallery.va/content/photogallery/pt/eventi/lampedusa2013.html; também em http://www.photogallery.va/content/photogallery/pt/eventi/lampedusa2013.html.

Uma teologia sólida para tempos líquidos?

Maria Clara Lucchetti Bingemer*

Em um momento de queda e troca de paradigmas e modelos, quando a humanidade entrou em novo milênio e a Igreja declarou em Aparecida estarmos vivendo um "câmbio de época", notam-se na sociedade e na Igreja várias mudanças de fundo que afetam profundamente o pensamento cristão sobre a realidade e o ser humano.

O pensamento pós-moderno – havendo passado pelo crivo da modernidade que reivindica para o ser humano o fim de toda heteronomia e a aurora de uma autonomia sem limites –, em algumas de suas correntes, de certa maneira resgatou certa heteronomia. Ou seja, buscou conceber mais o ser humano enquanto ser relacional e aberto a uma autonomia heterônoma, ou seja, uma autonomia regida pela alteridade, pelo outro, pelo diferente. Inúmeros pensadores inseridos ou não em uma religião trabalharam a antropologia nesta linha da alteridade, de maneira a configurar a concepção mesma do humano e de tudo que a ele diz respeito.

No entanto, mais recentemente, mesmo essa alteridade vai ver-se afetada por profundas revoluções que terão impacto de fundo na ciência da antropologia. Ou, dito de

---

* Maria Clara Bingemer é doutora em Teologia Sistemática (Pontifícia Universidade Gregoriana – Roma), professora associada no Departamento de Teologia da Pontifícia Universidade Católica do Rio de Janeiro (PUC-Rio) e Decana do Centro de Teologia e Ciências Humanas da PUC-Rio; http://lattes.cnpq.br/8374950313063279.

outra forma, na maneira de conceber o ser humano e todo o pensar que lhe diz respeito.

Neste artigo buscaremos refletir sobre o impacto que um dos elementos dessa mudança de época traz: as novas tecnologias que causam impacto decisivo na humanidade e a concepção mesma de ser humano que a preside. Ao mesmo tempo, procuraremos examinar como o Cristianismo é convocado e desafiado, com esse novo estado de coisas, a novas preocupações, quando ainda não terminou de resolver as primordiais. Veremos também a nova configuração do mapa das crenças religiosas de hoje, tentando perceber como se situa a proposta cristã nestes movediços tempos pós-modernos. Finalmente, procuraremos ver como a teologia, um pensar articulado e organizado sobre Deus, pode autocompreender-se nesse novo cenário e compreender sua missão, que é a de ser "inteligência da fé".

1 Reconfigurando o humano e suas relações

O mundo vive constantes e profundas transformações, principalmente devidas aos avanços tecnológicos que acontecem em nossa época. Possivelmente o maior impacto ocorrido nesse âmbito se encontre no surgimento das tecnologias digitais, especialmente as da informação.[1] Impacto este que não afeta somente o modo como as sociedades imaginam e representam suas experiências tecnológicas, mas também a ideia que o ser humano até agora teve sobre sua corporeidade e sua vocação de ser de linguagem. Essas novas tecnologias de informação e comunicação, também em redes – os computadores pessoais, a telefonia móvel, o correio eletrônico, a internet e outras mais –, inauguram um novo conceito de

---

[1] Cf. NICOLACI, Ana Maria (org.). *Cabeças digitais: o cotidiano na era da informação.* Rio de Janeiro: PUC-Rio; São Paulo: Loyola, 2006.

sociedade e, mais ainda, interpelam o ser humano em sua crença de ser o centro do universo e da vida.

Todo esse estado de coisas interpela profundamente o Cristianismo histórico, fortemente baseado no humano e tendo o mistério da encarnação no centro de sua proposta. Com essa desconstrução e reconfiguração do humano, é toda a proposta cristã que se vê desafiada a encontrar novas palavras para dizer sua mensagem, de forma que se crie e se torne perene e válida para todos os homens e mulheres de todos os tempos. Por isso, faz-se necessário e ainda urgente desentranhar os valores teológicos escondidos nessas novas representações que trazem em si novas perguntas: A quem adoramos? Onde depositamos nossa confiança? O que significa ser humano? Conceitos como os de pós-humano ou transumano vão pôr em cheque tudo que pensávamos que sabíamos sobre nossa condição humana, bem como questionará se algum dia entendemos e praticamos essa nossa vocação de ser humanidade.

As categorias que pensávamos adquiridas para pensar o humano – tais como, por exemplo, tempo e espaço – se dissolveram alarmantemente. Nesse novo universo já não podemos delimitar qualquer distância entre o sujeito e as tecnologias que, continuamente, modificam-no. Isso impacta profundamente não só na concepção do humano, mas igualmente nas relações humanas, que, segundo estudiosos de prestígio do mundo de hoje, como o sociólogo polonês Zygmunt Bauman, se tornaram líquidas.[2] E além de líquidas, descartáveis. O ser humano, sobretudo o que vive nas grandes metrópoles, não se relaciona mais, mas sim se conecta. Com um clique, inclui ou dispensa outros seres humanos de seu mundo, que tem as dimensões de uma tela

---

[2] Cf. as múltiplas obras desse pensador, todas com o adjetivo líquido/a: *Modernidade líquida*, *Amor líquido*, *Vida líquida*, *Medo líquido* etc.

de computador e, a partir daí, de todo o universo que se tornou plano.³

Diante de toda essa alucinante mutação pela qual passa o ser humano, que ainda não resolveu os problemas de sua humanidade e já se aventura por transumanidades e pós--humanidades, é de se perguntar se toda essa passagem pelo crivo implacável das novas tecnologias realmente nos faz mais humanos. Zygmunt Bauman, com seus livros de títulos "líquidos", demonstra-nos que tudo que dá sentido à vida humana se faz líquido e escorre entre nossos dedos. E tudo aquilo que dá consistência e solidez a nossa condição humana está sendo deixado para trás, suplantado por uma concepção de humano baseada em conectividade, onde as relações correm o perigo de reduzir-se a sensações seduzidas e voláteis e onde os valores, assim como tudo que é sólido, desfaz-se no ar.⁴

O Cristianismo, portanto, sem querer ser anacrônico e permanecer obstinado em suas posições e seguranças, é convidado a tomar muito cuidado com a sedução que o pós--humano pode trazer para sua identidade, sua maneira de situar-se neste mundo tal como é e, sobretudo, para sua ação missionária. Pois o pós-humano pode nos fazer esquecer de sermos humanos. Mais ainda: pode nos fazer esquecer de que há muitas pessoas (tantas!) neste mundo de Deus que ainda estão lutando por conseguir o acesso não aos direitos humanos, mas sim aos direitos animais: ter um lugar para viver, alimentar e engordar sua cria etc.⁵ E ainda quando não é assim e não se tem a vida ameaçada por morte prematura devido à injustiça, segue sendo necessária muita atenção para não migrar para um estádio de pós-humanidade

---

³ Cf. FRIEDMAN, Thomas. *The world is flat: a brief history of the XXI century*. 1. ed. New York: Farrar, Straus and Giroux, 2005.

⁴ Cf. o livro de BERMAN, Marshall. *Tudo que é sólido desmancha no ar*. São Paulo: Companhia das Letras, 2007,

⁵ Cf. Frei Betto. Direitos humanos ou direitos animais?. In: http://alainet.org/active/4979&lang=es Acesso em: 21 set. 2008.

que não suponha em sua base a humanidade de carne e osso na qual cremos que Deus mesmo habitou e habita.

As novas tecnologias, além disso, possibilitam um mercado global, feito para um novo sujeito: não mais o *homo sapiens sapiens* ou o homem configurado pelo *cogito* de Descartes: "Penso, logo existo". Mas um "sujeito consumidor' que tem ao alcance de seus dedos todos os meios preparados para serem consumidos. Um sujeito cujos horizontes, cujos fins se encontram cada vez mais "encurtados" e que vive a partir e em direção aos meios. Transformando os meios em fins.

O cidadão tradicional, devotado à construção da sociedade pela política e à participação no bem comum, está transformado em um consumidor de todos os tipos de bens materiais ou espirituais. E a realização pessoal, ele a busca através de uma experiência de indivíduo isolado e voltado sobre si mesmo. Ela se realiza a partir de desejos e demandas subjetivas em todos os níveis, inclusive em termos da fé e da religião.

Esse processo sociocultural que introduziu profundas mudanças na antropologia e na cultura, transformou também a crença e a religião. Constitui também, e sem sombra de dúvida, poderoso desafio para o Cristianismo e a teologia cristã no século XXI.

2 Novos mapas da crença e da prática religiosa

O desmoronamento dos paradigmas revolucionários e dos modelos alternativos ao capitalismo tem provavelmente um importante papel no quadro de reconfiguração da religião e do sagrado. Na falta de alternativa global para a sociedade, no vazio de utopias nas quais se transformou esta transição de início de século e de milênio, a opção muitas vezes é a de uma busca pessoal com uma referência grupal e comunitária, de corte mais ritualista-espiritual que institucional. As causas desse fenômeno são inumeráveis e comportam análises diferentes.

No meio da crise das referências que lhe sustentavam a existência, cada pessoa pensa poder construir de modo autônomo e individual sua visão de mundo, sem preocupar-se em procurar convergências com as visões de outras pessoas ou grupos e, sobretudo, sem sentir necessidade de abrigar-se sob o guarda-chuva de alguma instituição. Desse modo, o desejo de contato e a experiência mais imediata e diretamente afetiva com o sagrado e o religioso levam a procurar um grupo de referência mais flexível, que não possua hierarquia nem estrutura tão rigidamente organizadas como a das Igrejas históricas. Igualmente os povos que não pertencem às grandes potências, em estado de tremenda carência e vulnerabilidade, consequência da situação ameaçadoramente crescente de miséria, penúria e desesperança, encontram-se mais expostos à manipulação dos centros de interesse internacionais, aos quais interessa a proliferação de religiões alienantes.

O fato é que a religião hoje se encontra difusa, nebulosa.[6] Está cada vez menos vinculada a instituições como as Igrejas cristãs ou outras tradições mais consistentes. Encontra-se, ao invés, à disposição dos indivíduos, como um bem necessário e utilizável para sua própria autoconstrução como sujeitos. As propostas de instituições tradicionais como as Igrejas cristãs, que se apresentavam como portadoras de um sistema de valores que configurava a vida dos cidadãos, hoje se desintegram em choque com problemas particulares de subjetividades humanas fragmentadas. As grandes narrativas e os grandes sistemas de explicação do mundo que essas instituições carregam e veiculam não encontram mais eco

---

[6] Cf. sobre o conceito de sagrado difuso: LIBANIO, João Batista. Fascínio do sagrado. *Vida Pastoral* 212 (2000) 2-7; TEIXEIRA, Faustino do Couto. O sagrado em novos itinerários. *Vida Pastoral* 212 (2000) 17-22.

em nossos contemporâneos, que se guiam mais por pequenas experiências e vivem em um mundo fragmentado.

Em meio a esse mar plural e fragmentado se vão construindo novas sínteses baseadas, sobretudo, em sensações diversas e sem conexão entre si mesmas. O mesmo desejo de contato e experiência mais imediata e direta – afetiva e não só institucional e burocrática – com o divino leva a procurar grupos de referência mais flexíveis, que não possuem hierarquia nem estruturas tão rigidamente organizadas como as das Igrejas mais tradicionais.[7]

As tentativas de entendimento desse fenômeno cuja complexidade e imprecisão aparecem já em sua própria nomeação listam como fatores explicativos da crise contemporânea de valores, do processo de reencantamento do mundo, da fragmentação do campo religioso, do enfraquecimento das Igrejas tradicionais e da consequente procura de uma nova espiritualidade ajustada à lógica da sociedade pós-industrial.[8]

A questão que fica, depois destas reflexões, é que não é nada claro que a busca quase feroz e anárquica – desinstitucionalizada – de nossos contemporâneos por experiências místicas corresponda a uma real procura por um encontro em profundidade, por um dispor-se a ser afetado pela alteridade do outro. A busca por sensações mais ou menos religiosas ou espirituais não necessariamente implica desejo de abrir-se à experiência da alteridade, e pode não deixar brechas ou espaços para que a alteridade e a diferença do outro, epifanicamente, manifestem-se em toda a sua liberdade e beleza, inventando a relação a cada suspiro e a cada passo.

---

[7] Confirmando isto, cf. HERVIEU-LEGER, Danièle. *Le pélerin et le converti: la religion en mouvement.* Paris: Flammarion, 1999.

[8] Cf. recente investigação do CERIS (Centro de Estatísticas e Investigações Sociais), organismo anexo da CNBB. *O catolicismo na cidade.* São Paulo: Paulus, 2002.

Parece-nos, portanto, que o Cristianismo hoje – e muito concretamente, a mística e a teologia cristãs hoje – se veem de braços com o desafio da questão por sua identidade, muitas vezes perdida e fragmentada no meio de muitas experiências religiosas outras, que não necessariamente passam pela alteridade divina do mistério que se revela enquanto santidade indecifrável. Se muito facilmente chamarmos de experiência mística a toda e qualquer busca de sensação "espiritual" conseguida às vezes com recursos artificiais outros que não a relação que se instaura e se aprofunda unicamente na gratuidade, na escuta e no desejo, estaremos traindo a concepção mesma de mística que até hoje marcou toda a tradição ocidental e que está no coração da identidade daquilo que por isso se entendeu e se entende. Se muito facilmente legitimarmos qualquer experiência de sedução do sagrado, corremos o risco de estar batizando com este nome muitas divindades e possivelmente não o Deus pessoal no qual acreditamos e proclamamos, que mostrou seu rosto e disse seu nome na história do povo do Israel e na vida, morte e ressurreição do Jesus de Nazaré. Corremos o risco de estar andando por caminhos que na realidade não são do Espírito, mas sim de nosso eu carente e errático.[9]

3 O Cristianismo desafiado: ainda capaz de desafiar?

As religiões monoteístas do tronco abraâmico (Judaísmo, Cristianismo, Islã) têm no encontro humano com o Deus único o fundamento da normatividade universal de seu *ethos*. Entre elas, o Cristianismo afirma ser o encontro com o Deus do Jesus Cristo a experiência de um sentido radical do existir, uma teonomia fundante da liberdade e responsabilidade pessoais, um enraizamento experiencial da

---

[9] Confirmando isto, cf. HERVIEU-LEGER, Danièle. *Le pélerin et le converti.*

pessoa no Incondicionado que lhe assegura, a um só tempo, a liberdade e o limite. Um termo grego designará o fundamento do Cristianismo nascente: *ágape*, usualmente traduzido por amor. Na ágape neotestamentária se destacam a generosidade desinteressada e oblativa – sem outro interesse ou possibilidade de gozo e satisfação que não seja seu próprio exercício – e a disponibilidade para uma saída de si em direção ao outro. A alteridade é o ponto de partida desse dom de si, que tem sua raiz em um Deus doador que é o próprio dom. Tal como expressa, com ofuscante claridade, a Primeira Carta de João: "... quem não ama, não descobriu Deus, porque Deus é amor" (1Jo 4, 8).

Um primeiro elemento característico desse amor é a universalidade, que em seu exercício efetivo proíbe qualquer acepção de pessoas. Deste amor não pode estar excluído ninguém, nem mesmo os inimigos e criminosos. Todos são chamados a encontrar a cidadania do arrependimento e da reconciliação no amor incondicionado e no perdão sem reservas: o Crucificado Ressuscitado. Rezar pelos inimigos, aos agressores oferecer a outra face, é a desconcertante proposta que o Deus do Jesus Cristo faz a aqueles que se deixam seduzir por seu estilo de amar.

Um segundo elemento é a parcialidade. O Deus ágape veio ao mundo não para salvar "justos", e sim "pecadores", comprometendo-se em primeira linha com o destino dos fracos, doentes, pobres, marginados, excluídos. Experienciar na carne a alteridade diminuída dos sofredores é o misterioso processo de substituição que a fé e o paradigma crístico revelam enraizados na potência libertadora do amor/ágape.

O Papa Bento XVI, no início de seu pontificado, apontou para aquilo que resume todos os tremendos desafios do Cristianismo no século XXI: viver o amor até suas últimas consequências. Somente o amor é digno de fé e, portanto, só se pode segui-lo falando a linguagem da salvação em meio a novos paradigmas, novas tecnologias e novas formas de crer. A proposta de um amor universal e muito concreto, encarnado e divino, em sua solidez, é algo que o Cristianismo não pode não privilegiar, em tempos de relações líquidas e vazio de paradigmas e referências.

4 Que teologia para esses novos tempos?

Todo este estado de coisas vai levar, portanto, a teologia cristã a ser obrigada a repensar seu discurso em termos de forma e conteúdo, incluindo em sua agenda novos temas de reflexão e resgatando antigos temas que lhe permitam dizer sua palavra específica em meio a uma realidade tão mutante e polifacética. O próprio Concílio Vaticano II reconheceu essa necessidade em alguns de seus mais importantes documentos.[10]

No seio de uma modernidade em crise e de uma pós-modernidade vacilante, é na teologia que continua se dando o encontro – ainda que problemático – entre fé e razão. Foi nesse terreno que a religião encontrou seu lugar no espaço intelectual das modernidades clássicas, e é nesse terreno que pode dar-se o reconhecimento *de jure* de um lugar para a religião como fonte de um saber objetivamente legitimado, no espaço intelectual da assim chamada, no dizer do Pe. Henrique de Lima Vaz, "modernidade moderna".[11]

Uma questão a ser hoje refletida e aprofundada, entre teólogos e representantes das outras ciências, seria a da viabilidade de um pensamento teológico intrinsecamente articulado aos pressupostos filosóficos da modernidade pós-cartesiana. Serão estas mediações científicas instrumentais

---

[10] Cf. *Gaudium et Spes* n. 40, *Unitatis Redintegratio* n. 12 e sobretudo todo o declaração *Nostra Aetate*.

[11] Sobre a relevância do pensamento do Pe. Henrique C. de Lima Vaz e uma geração de cristãos comprometidos com a ação, ver MAC DOWELL, João A. *Saber filosófico, história e transcendência*. São Paulo: Loyola, 2002.

adequadas para um saber e um pensar que repousa sobre a afirmação da transcendência absoluta de Deus e sobre a unicidade igualmente absoluta do evento Cristo? Afirmações que parecem repugnar a razão moderna e desinteressar a imaginação pós-moderna.

Por outro lado, o teólogo deve defrontar-se hoje com outro fenômeno que lhe complexifica o quadro no interior do qual se desenvolve seu trabalho e sua reflexão: o da pluralidade religiosa e da interpelação do diálogo inter-religioso. Uma coisa que aparece clara neste quadro é que, por um lado, o Cristianismo histórico percebe que perdeu a hegemonia que havia secularmente adquirido, sobretudo, concretamente, em países como o Brasil, latino, tradicionalmente católico, onde a pertença cristã, mais que escolhida livremente na idade adulta, era herdada desde o seio materno. Ser cristão hoje não é mais evidente e o Cristianismo é chamado a encontrar o seu lugar em meio a uma pluralidade de outras tradições e confissões religiosas dos mais diversos matizes.

Por outro lado, essa pluralidade religiosa levanta para o Cristianismo algumas interpelações bastante sérias quanto a conteúdos mesmo do depósito de sua fé. Para realmente dialogar num mundo plurirreligioso, há que estarem dispostos, da parte dos cristãos, a encontrar palavras novas para dizer coisas antigas e tradicionais e fazer-se entender. E parece que se perderam os códigos ou não se sabe mais como usá-los. As novas gerações não são mais "alfabetizadas" eclesialmente e, para comunicar-se com elas, a teologia não pode mais trabalhar com supostos ou pressupostos... porque simplesmente esses não mais se dão.

A adesão à fé é, sem dúvida, e cada vez mais, uma escolha livre. Esta escolha, então, cada vez mais comanda toda a teologia cristã autêntica. A fé em Jesus Cristo não é fechada, mas aberta; não é mesquinha, mas possui dimensões cósmicas. A teologia das religiões – disciplina que vem ganhando importância crescente nas últimas quatro décadas, após o evento do Concílio Vaticano II – estabelece, na escala do cosmos, uma maravilhosa convergência, no mistério do Cristo, de tudo que Deus em seu Espírito realizou ou continua a realizar na história da humanidade.[12]

A partir do quadro descrito, podemos então afirmar que o teólogo é chamado a ser, antes de tudo, um hermeneuta: um intérprete da tradição de um texto que vem de muito longe, um texto aberto e polifônico.[13] Texto este que está inserido na corrente de uma tradição interpretativa e que o teólogo tem como função ou finalidade interpretar. E interpretar aqui é mais do que simplesmente fazer a exegese do texto. O que o teólogo visa, no texto utilizado como espelho, é nem tanto a interpretar o texto quanto a vida. E a vida é feita e tecida de muitos outros textos: a vida das pessoas que ouvem e leem o texto, nessa comunidade de interpretação que se constitui como Igreja. Texto que nessa comunidade, interpretado pelo teólogo, não é simplesmente um texto antigo, mesmo que o seja, mas um texto atual. Ou um texto que, no seu anacronismo, se torna, sempre que proclamado, contemporâneo. Nesse sentido um texto não anacrônico, mas catacrônico; não contemporâneo, mas extemporâneo, que se situa fora do tempo entendido como *kronos*. E para o teólogo cristão, isto é ainda mais forte, mais singular – e, para quem vê de fora, também mais estranho –, no sentido de que todas as palavras do texto que compõem o tecido da escritura bíblica, em Jesus Cristo, se tornam "a" palavra: a "Palavra de Deus".

O mundo pós-moderno, como espaço plural e fragmentado, traz uma outra questão para a teologia, que é a do diálogo multicultural, ou da interdisciplinaridade. Trabalhando sobre a situação do saber científico na contemporaneidade, Castoriadis destaca a importância da interrogação

---

[12] Cf. o livro de DUPUIS, Jacques. *Para uma teologia do diálogo inter-religioso*. São Paulo: Paulinas, 2000, entre outras obras que têm saído sobre o tema.

[13] Cf. RICOEUR, Paul. Nomear Deus. *Etudes Théologiques et Religieuses* 52 (1976) 489-508.

filosófica para todas as ciências, as quais passam hoje por uma situação de crise generalizada, necessitando de uma reflexão profunda sobre suas categorias, sobre a relação com seus objetos e sobre o saber que é gerado. Na verdade, esse processo questiona a separação absoluta entre ciência e filosofia (e vice-versa), separação esta que impede a compreensão das problemáticas internas, do enraizamento histórico e, principalmente, da função social do saber científico; modelo da racionalidade técnica, cujos perigos ("riscos de grande consequência" – Giddens) assustam a humanidade neste início de século. Talvez o mesmo se pudesse dizer da teologia, confinada que é hoje a um departamento da universidade, submersa num mar de disciplinas e de saberes herdeiros da razão potente.

Mas a questão começa (não termina) aqui. Em conjunto com essa separação, temos aquela expressa na unidisciplinaridade, ou "hiperespecialização", a qual impede uma visão inter-racional do que existe nas distintas áreas do conhecimento, e esgota-se como modelo explicativo do homem e de suas relações sociais. Ao abordar a questão das disciplinas antropológicas (economia, direito, linguística, psicanálise, sociologia e história), Castoriadis chama a atenção para o fato de que, entre estas, a separação se faz sentir com maior gravidade, uma vez que a unidade do objeto desafia imediatamente a dissecção científica. Questões econômicas, jurídico-políticas, psicossociais, culturais e históricas, são tratadas como nos sistemas mecânicos clássicos, de forma linear, reducionista e determinista, importando apenas "o homem na cidade", ou melhor, pedaços do homem, em partes da cidade, esquecendo-se a multiplicidade do ser e do mundo.[14]

Sobre isso, Edgar Morin afirma categoricamente: "os 'hiperespecialistas' são pretensos conhecedores, mas de fato praticantes de uma inteligência cega, posto que parcela e

---

[14] CASTORIADIS, Cornelius. *A instituição imaginária da sociedade*. Rio de Janeiro: Paz e Terra, 1982.

abstrata, evitando a globalidade e a contextualização dos problemas". Propõe-nos a "epistemologia da complexidade", na qual a rigidez da lógica clássica é substituída pela dialógica, e o conhecimento da integração das partes num todo é completado pelo reconhecimento da integração do todo no interior das partes. Isso nos alerta para a importância vital da contextualização.[15]

Note que não se defende na prática interdisciplinar uma "unificação", na qual, a partir de uma axiomática geral, romper-se-iam definitivamente as fronteiras disciplinares (e isto hoje está fora de cogitação). A interdisciplinaridade não nega as especialidades e respeita o território de cada campo do conhecimento; o que se quer é superar a "separação extrema" entre as disciplinas, ou seja, "a separação entre disciplinas do mesmo domínio e a separação da reflexão filosófica" (Castoriadis), superar a "hiperespecialização" e trabalhar o conhecimento através de interdependências e conexões recíprocas.

Se isso é verdade, cremos que a teologia também é desafiada a ultrapassar-se para reencontrar o seu lugar. Deve, portanto, estar aberta para entrar em diálogo com as diferentes disciplinas, não apenas as Humanidades, mas as Ciências Sociais e mesmo as assim chamadas "Ciências Duras". Este é um dos grandes sentidos de sua presença na universidade: ser capaz de dizer a palavra que lhe é própria em interação fecunda e aberta com as outras disciplinas e áreas do saber. O diálogo entre a fé e a cultura promete ser uma das mais promissoras áreas para o crescimento e a visibilidade da teologia na universidade. Resta que a própria teologia encontre pertinência nisso e se ache disposta para tal, resistindo à tentação de permanecer confinada e fechada apenas no diálogo com seus concidadãos de área.

---

[15] Cf. MORIN, Edgar. *As duas globalizações: complexidade e comunicação: uma pedagogia do presente*. Porto Alegre: EDI-PUCRS, 2001; *A educação e a complexidade do ser e do saber*. Petrópolis: Vozes, 2008.

5 A presença crescente dos leigos nos cursos de teologia

O Concílio Vaticano II foi um marco nesse sentido, quando reconheceu, em vários de seus documentos (*Lumen Gentium, Apostolicam Actuositatem, Gaudium et Spes*), a importância do papel dos leigos no trabalho de evangelização de toda a sociedade. Era evidente que aí começava uma mudança radical do modelo eclesiástico vigente. Era uma passagem bem evidente de um modelo de Igreja hierárquica e vertical para uma Igreja que se autocompreendia enquanto Povo de Deus. O centro desse modelo eclesiástico não repousava mais *sobre um* ou alguns de seus segmentos, mas estava no próprio povo. E os cristãos leigos, cuja mesma denominação em grego (*laós*) quer dizer povo, encontravam um novo estatuto para dentro daquela comunidade que sempre foi a sua, chamada Igreja.

O processo iniciado com o concílio não se deteve por aí. No ano de 1987, o sínodo sobre os leigos e o documento que a ele se seguiu, a Exortação pós-sinodal *Christifideles Laici*, reiteram as afirmações do concílio e dão alguns passos mais, reafirmando a importância do chamado à santidade feito a todos os cristãos pelo Batismo. Retomando o pensamento do Concílio Vaticano II, fala do ser do leigo cristão e de sua chamada à santidade. Discorre igualmente sobre os ministérios e serviços confiados a estes mesmos leigos. Menciona algumas áreas onde a presença do leigo é constitutiva e fundamental como: a família, a sociedade civil, a Igreja, a paróquia. Ressalta a importância do compromisso sociopolítico, do mundo dos jovens, da presença da mulher no mundo e na Igreja etc. Para tanto, encarece a importância prioritária da formação e reafirma a *centralidade* da chamada de Deus e do mundo de hoje na vocação laica.

Na América Latina, nos últimos decênios, com o fortalecimento da Conferência Episcopal Latino-Americana, que marcou presença no mundo, também se pode perceber o processo de desenvolvimento e crescimento da consciência do lugar do leigo dentro da sociedade e da Igreja. No documento de conclusões da Conferência Episcopal Latino-Americana de Medellín, no ano de 1968, pode-se encontrar, no n. 10, tudo o que se refere aos movimentos leigos. O tipicamente leigo se indica no n. 10,9; a autonomia dos movimentos leigos no n. 5,17; e a valoração crescente do papel do leigo em n. 11,9. Os capítulos 11 e 12 falam de leigos na comunidade (11,16) e de leigos chamados à santidade (12,1).

Na Conferência de Puebla, no ano de 1979, o documento conclusivo se refere aos leigos em forma específica na terceira parte, capítulo II, n. 3, com o título: "Participação do leigo na vida da Igreja e na missão desta no mundo" (nn. 777-849). O documento revela uma consciência crescente da necessidade da presença do leigo na missão evangelizadora, mas para isso também reconhece que esse mesmo leigo necessita de uma sólida formação e tem direito a recebê-la (nn. 794,832). Nele já se menciona explicitamente a força dos novos ministérios não ordenados confiados a leigos (nn. 804-805, 833), com seus critérios (nn. 811-814) e perigos (n. 817). Também se sublinha a importância do laicato organizado que busca seus próprios caminhos, embora sempre em comunhão com seus pastores (nn. 800-803).

A Conferência de Santo Domingo, de 1992, coloca em suas conclusões, como uma prioridade, o *"protagonismo dos leigos"*, sem o qual não haverá "nova evangelização" da sociedade que hoje se revela como necessária (n. 107). Esses leigos, chamados a ser protagonistas da "Nova Evangelização" (nn. 97, 103, 293, 302), devem receber adequada formação para que possam levar a bom termo a missão a eles confiada, no mundo e na Igreja de hoje.

Neste momento em que toda a Igreja se debruça sobre o tema do leigo, o surgimento, em proporções cada vez mais consideráveis – do ponto de vista quantitativo e qualitativo –, de *teólogos(as) leigos(as)* (homens e mulheres) é extremamente digno de nota. O(a) teólogo(a) é uma figura que começa a aparecer com cada vez maior frequência na Igreja, buscando os cursos e faculdades de teologia, pleiteando e obtendo graus acadêmicos, produzindo textos, assessorando dioceses, participando de congressos em nível nacional e internacional, fazendo, enfim, sentir sua presença em diferentes segmentos e níveis da comunidade eclesial.

Essa presença traz, então, profundos questionamentos. Em primeiro lugar, interpela a toda Igreja e à comunidade teológica especificamente, no sentido da "divisão de papéis" que ainda perpassa a eclesiologia conciliar e que destina aos leigos o campo do temporal e das realidades terrestres e, ao clero e aos religiosos, o campo do sagrado.

Dentro da universidade, espaço por excelência do saber moderno e secular, é cada vez maior a afluência desses cristãos leigos que, sedentos de aprofundar o sentido de sua vida e o conhecimento do mistério em que creem, buscam as faculdades de teologia levando perguntas outras além daquelas que os tradicionais estudantes de teologia – seminaristas ou religiosos de ambos os sexos – traziam para a docência teológica.

Trata-se de perguntas oriundas da vida mesma desses cristãos leigos. De sua vida matrimonial, profissional, cultural e cotidiana. De sua dura labuta para construir um lar, uma família, para sobreviver e encontrar um trabalho que lhes permita realizar seu sonho de formação teológica. São, portanto, perguntas novas essas que os estudantes de teologia leigos trazem a nós. Perguntas que necessariamente nos obrigarão a buscar novas respostas e mesmo novas sínteses, a fim de procurar humildemente ir ao encontro de seu conteúdo e sua forma, do desafio que trazem em seu bojo e do novo com que acenam em sua formulação e proposta.

O(a) teólogo(a) leigo(a) traz ainda, para seus companheiros sacerdotes e religiosos, um profundo questionamento sobre a secular afirmação da escolha pelo estado de vida sacerdotal ou religioso como opção de *maior* dedicação e serviço ao Reino. Sabemos, todos aqueles e aquelas a quem foi dado o carisma da teologia e que a ele respondemos empenhando o melhor de nossas energias, tempo e esforços, que fizemos – muito mais que uma opção profissional

– uma opção de vida. Ser teólogo(a) leigo(a) hoje é ser concretamente alguém que, sem o respaldo direto institucional de uma congregação religiosa ou de uma diocese, enfrenta diariamente o desafio de manter-se a si próprio e à família que por ventura houver constituído. É viver e compartilhar, portanto, muitas vezes, com os pobres a insegurança do amanhã. É estar sujeito – embora menos diretamente que o clero e os religiosos – a eventuais sanções canônicas que cortem da noite para o dia não só o meio de vida, mas também e, sobretudo, a possibilidade de exercer o ministério para o qual foi investido pelo Espírito em favor do Povo de Deus e com o qual quer estar em dinâmica e criativa sintonia e comunhão.

Por tudo isso e mais ainda, a figura do teólogo(a) leigo(a) hoje é peça fundamental na reflexão da Igreja e na sociedade atual. A teologia – sobretudo aquela que elabora seu pensamento e seu discurso no meio acadêmico – não pode deixar de levar em consideração essa nova presença, essa palavra outra de leigos e leigas que, a partir de diferentes experiências de vida, à luz de cotidianas e sempre surpreendentes situações, descobre e desvela ângulos insuspeitos do Mistério sobre o qual reflete e discorre.

6 A palavra da teologia como mística e palavra de justiça

Ao mesmo tempo em que empreende a viagem do rigor científico e da razão que busca a verdade, a teologia, e muito especialmente a teologia cristã, é chamada a manter uma tensão fecunda e equilibrada entre o rigor e a austeridade exigidas em um trabalho intelectual sério, bem como a responder aos apelos e às urgências da sociedade onde está inserida. Portanto, a dimensão intelectual é algo que deverá permear todos os ministérios e apostolados da Igreja, pois todos exigirão uma reflexão séria e profunda para que sejam levados a cabo com a seriedade devida. Porém, por outro lado, uma teologia séria não pode viver seu compromisso acadêmico isolada em uma torre de marfim. Mas tem que se deixar interpelar pela sociedade e, por sua vez, interpelar a sociedade. E mais ainda quando se vivem tempos "líquidos" como os que vivemos.

O trabalho intelectual como busca da verdade, que é um valor em si mesmo, deve sempre se perguntar sobre si mesmo "por quê" e" para quê". E a resposta a estas perguntas estará sempre estreitamente ligada ao bem comum e ao progresso da sociedade humana. Pois o conhecimento não é neutro. Ao contrário, implica sempre uma hierarquia de valores e uma determinada concepção do ser humano. E uma inserção decidida na realidade que o rodeia. Numa economia de mercado neoliberal como a que vivemos, a teologia tem, portanto, que dizer sua palavra e analisar o processo de globalização que vivemos hoje com suas luzes e suas sombras.

Nesse sentido, o teólogo, por vocação, profissão e ministério, tem por obrigação não tanto responder a perguntas, mas responder a, ou ser responsável por, ou ser ouvinte de *apelos*.[16] Apelos que vêm de Deus, na Escritura, original ou originariamente, mas que – na Escritura também –, com maior frequência, vêm de outro ser humano. Nesse sentido, o teólogo é a memória da responsabilidade, entendida como a capacidade de ouvir e responder ao outro ou ao apelo do outro. Do outro que, muitas vezes, tem outra fé, que experimenta e nomeia Deus de outro modo. Diante dele ou dela, a teologia é chamada a escutar, assimilar e comungar. Para só então dialogar.

Na tradição bíblica (e, portanto, também no exercício da teologia cristã) o elemento ético ou prescritivo é anterior a qualquer outro elemento e certamente anterior ao elemento gnosiológico. Trata-se, porém, de uma ética que

---

[16] Cf. toda a obra de Emmanuel LEVINAS baseada sobre o primado da alteridade.

está indissociavelmente ligada a uma mística, ou seja, a uma experiência do mistério. A teologia que assim trabalha com essa mística inseparável dessa ética é chamada, então, a ser teologia mistagógica, ou seja, pedagoga para o mistério que, experimentado, leva à responsabilidade pelo outro e à prática em favor do outro.

Estando disto consciente, o teólogo é chamado a elaborar o seu discurso utilizando o modo da *homologia*, ou seja, do agradecimento, do reconhecimento. E nesta homologia, a teologia se descobre ao mesmo tempo como um discurso de *atestação*, no qual quem fala – exprimindo sua fé ou a fé dos outros, sua experiência de Deus ou a experiência dos outros –, fala dando testemunho. Dando testemunho do ser humano que, sendo criatura, sente-se gratuito e agraciado. Dando testemunho de Deus que se revela a este ser humano enquanto graça e verdade.

O sentir-se gratuito e agraciado não é, segundo a tradição cristã, aproveitar-se das benesses da divindade. É às vezes sofrê-la acerbamente, como no caso de Jó. Sentir-se gratuito e agraciado é saber que sua liberdade está sempre exposta ao possível fracasso. Daí a necessidade da alteridade que altera o discurso e a prática, pois é a única que pode redimir verdadeiramente o ser humano. Não só a alteridade divina, mas a alteridade do outro homem, do outro ser humano, do outro que me faz reconhecer que minha posição originária não é o cartesiano "cogito" ou o "eu 'narcisista'". Mas o acusativo que diz: "Eis-me aqui!".[17]

Consideração final

O que faz o teólogo ser teólogo é sua responsabilidade – que é única –, sua vocação, seu apelo, tanto por parte de Deus como por parte dos outros, o que faz com que só ele

---

[17] Cf. o que sobre isso diz LEVINAS, Emmanuel. *Totalité et infini*. Nimega: Martinus Hifjosenhalff, 1977.

ou ela seja ele ou ela mesmos. Nesse sentido, a pessoa é sempre vocação, sempre procura de realização, nunca acabada e sempre objeto de esperança.

O teólogo, portanto, está longe de ser um repetidor de formulações dogmáticas, mas é chamado mais que nunca a ser um hermeneuta da experiência do divino na sua fé e em diálogo com outras religiões. Sendo um experimentador e um buscador do Mistério, portanto um místico, o teólogo saberá reconhecer, pelo sabor suave da presença da divindade experimentada em si mesmo, esse mesmo sabor na experiência dos outros, diferentes e irmãos. A teologia cristã é chamada, portanto, neste contexto, e com a ajuda da "nuvem de testemunhas" que iluminam estes mais de 2.000 anos de caminho, a "dar razão 'desta esperança'".

Ela é chamada a fazê-lo no contexto dos diversos areópagos da modernidade, como diz o Papa João Paulo II em sua encíclica *Redemptoris Missio*. Entre estes está, com destaque, a universidade. Mas também os MCS, as novas tecnologias, os eventos plurirreligiosos. E, sobretudo, eu diria, as grandes questões e causas da humanidade: a justiça, a paz, a inclusão. Possa a teologia não falhar nessa missão, que é consistente e sólida. E que pesa em seus ombros, sobretudo nestes tempos líquidos.[18]

---

[18] O Pe. Ignacio Ellacuría, reitor da UCA em El Salvador e martirizado juntamente com todos os seus companheiros de comunidade em 1989, em seu discurso em 1982, na Universidade da Santa Clara, expressou eloquentemente seu convencimento em favor da promoção da justiça no apostolado da educação: "Uma universidade cristã tem que ter em conta a preferência do evangelho pelo pobre. Isto não significa que sejam os mais pobres os que devam entrar para cursar seus estudos na universidade, nem que a universidade deva deixar de cultivar toda aquela excelência acadêmica que se necessita para resolver os problemas reais que afetam a seu contexto social. Significa sim que a universidade deve encarnar-se entre os pobres intelectualmente para ser ciência dos que não têm voz, o respaldo intelectual dos que em sua realidade mesma têm a verdade e a razão, embora seja às vezes enquanto despojo, mas que não contam com as razões acadêmicas que justifiquem e legitimem sua verdade e sua razão".

Impresso na gráfica da
Pia Sociedade Filhas de São Paulo
Via Raposo Tavares, km 19,145
05577-300 - São Paulo, SP - Brasil - 2014